11시 14분

11시 14분

박세미의 5월

ㄴㄴ﹥﹤ㄷㄴ

차례

작가의 말 5월의 테이블   7

5월 1일   에세이 시 짓고 건축 쓰고   11
5월 2일   시 아사나를 향하여   17
5월 3일   단상 나의 얼굴 찾기   21
5월 4일   시 인터뷰어   31
5월 5일   인터뷰 5월은 오은: 주황 소년의 기도   33
5월 6일   시 물의 공사   45
5월 7일   단상 자세히 보기   49
5월 8일   에세이 11시 14분   59
5월 9일   인터뷰 아름다움의 기능, 그리고 생활: 플랫엠   67
5월 10일 시 임차인   81
5월 11일 에세이 다만 나는 오늘의 새로운 맥락이 된다 1   83
5월 12일 시 들과 창고 사이에서   95
5월 13일 인터뷰 채우고 비우는, 어둡고 밝은, 작고 큰: 아르   99
5월 14일 시와 시작노트 빛나는 나의 돌   113
5월 15일 에세이 미완성 교향곡   119
5월 16일 시 각자의 것은 각자가   127

5월 17일 에세이 창문이 주는 여지 131
5월 18일 시 비극의 위치 135
5월 19일 에세이 춤이 아닌 것으로 춤을 불러보는 시들 139
5월 20일 시 밀푀유 147
5월 21일 에세이 알의 기원 151
5월 22일 시 돌과 이끼 163
5월 23일 편지 성실한 손이 형성한 고요한 끓어오름 167
5월 24일 에세이 당분간 먼 곳의 산책로 179
5월 25일 시 몽상 191
5월 26일 인터뷰 존재의 최저치에서 발화하는 시 195
5월 27일 에세이 다만 나는 오늘의 새로운 맥락이 된다 2 215
5월 28일 편지 길종상가 관리인에게 225
5월 29일 시 넓은 경계 보이지 않는 235
5월 30일 인터뷰 늪에 다리가 붙들렸으나 새의 다리를 붙잡은 사람에게 239
5월 31일 에세이 여섯번째 생일을 맞은 『내가 나일 확률』에게 255

작가의 말

5월의 테이블

 5월엔 어쩐지 해맑아야 할 것 같고, 화목해야 할 것 같고, 돗자리를 펴고 김밥을 먹어야 할 것 같고, 기도해야 할 것 같고, 꽃을 들어야 할 것 같고, 누군가를 안아주어야 할 것 같고, 그렇게…… 당위와 임무들을 자각하는 달 같습니다.

 이 마땅한 날들의 연속에 저는 늘 옹색했습니다. 기념이라는 형식을 밀도 있게 채울 자신이 없었고, 보편이라는 무리 속으로 들어가기 싫었고, 먼저 나를 소외시킴으로 소외됨을 피하고 싶었거든요. 그래서 제게 5월은 지우고 지워지는 달이었어요.

하지만 이 책의 원고들을 쓰고 묶으면서 제 인생의 5월을 갱신할 수 있었습니다. 쓰고 보니 5월의 모든 날이 저의 날이더라고요. 근로자로서, 어린이로서, 딸로서, 제자로서, 지구의 생명체로서, 민주주의 국가의 국민으로서, 시인으로서, 달력 위에 서서 한 칸 한 칸 이동할 때마다 생의 궤도가 선명해지고, 그 궤도를 공유하고 있는 사람들이 있다는 것을 알게 되었습니다. 시의적절하게 관계를 살피는 것. 그리하여 마주한 이들로부터 제가 발견되는 것. 그것이 저에게 절실했나봅니다.

자, 이제 이 책이 있기에 11시 14분, 저는 다시 탄생할 준비를 합니다. 오래 접혀 있었던 하얀 테이블보를 펼치고, 빈 커피잔과 한 송이 꽃이라는 형식을 차려두고요. 기다립니다. 당신을.

잠깐 여기, 5월의 테이블에 저와 함께 앉아주시겠어요?

5월 1일

에
세
이

시 짓고 건축 쓰고

 한 우물만 파야 한다고 들었다. 그래야 성공할 수 있고, 최고의 경지에 오를 수 있다고. 나 역시 그 말에 거의 동의하며 성실하고 집요하게 한 우물만 판 사람만이 획득하는 깊은 구멍, 종국엔 넓기도 한 구멍을 늘 동경해왔다. 두 가지 업을 오가며 하루하루를 마감해온 지 십 년을 막 넘어서 보니 명백하게 알겠다. 사람의 몸은 틀림없이 하나여서 두 우물을 절대 동시에 팔 수가 없다는 사실. 결국 조금 더 부지런히, 전략적으로 두 우물을 번갈아가며 움직일 수밖에 없는 상황에서 어떤 날은 어느 한쪽에 제대로 손도 못 대보고 그 사이에서만 우왕좌왕 갈팡질팡 헐레벌떡 하고 있는 나를 발견할 때면 가소롭기가 그지없다.

'시 짓고 건축 쓰고'라는 문구를 꽤 오래전부터 SNS 프로필에 적어두었다. 그 문구를 기억하고 멋지다고 말해주는 사람들이 종종 있는 걸 보니 아마 내가 하는 두 일이 꽤 근사하게 설명된 표현인 것 같다. 물론 기본적으로 '건축'과 '시'라는 분야가 거느리는 어떤 신비감 때문에 더 그럴 것이다. 더불어 어떻게 건축도 하고 시도 쓰게 되었느냐는 질문을 수없이 받았는데, 그 경위를 설명하고 나면 맥이 빠지는 건 질문한 사람도 나도 마찬가지였다. 그 맥빠지는 대답을 또 반복해보자면 이렇다. 대학 때 건축을 전공하면서 과도한 과업의 범위와 강도, 그에 따르는 밤샘과 마감의 쪼들림 끝에 돌아오는 건 교수님의 매서운 비판뿐이었다. 스스로 건축 설계에 대한 재능을 의심하고 있을 때 귀로 흘러들어 온 한마디. "글은 정말 잘 써." 너무 슬픈 일이었다. 나는 설계를 했는데 글을 잘 쓴다니.

어쨌든 건축가라는 직업인으로 타당한 사람이 아니라는 사실을 일찍 깨닫고, 졸업 전에 차선책을 마련할 요량으로 국어국문학 수업을 찾아 들었다. 처음으로 들었던 수업이 '현대문학의 이해'였고 나는 순식간에 문학의 힘을 이해하게 되어버렸다. 설계를 할 때와는 다르게 칭찬을 받으며 시를 썼다. 잘한다고 하니까 잘하게 되었다. 행운이 따라서 등단도 하게 되었다. 하지만 시를 업으로 삼는 방법은 잘 몰랐고 여전히 건축을 향한 사랑이 있었기 때문에 졸업 후 건축사사무소에 취직했다. 소장님 앞에서 두 번 정도 울고 나니 결심이 섰다. 건축을 짓지 말고 써보자고. 건축을 잘 쓰기 위해 대학원에 가서 건축이론과 역사, 비평을 공부했고, 시도 계속해서 썼다. 이렇듯 대단한 계기나 드라마 없이, 또렷한 목적이나 전략 없이, 평범하고 사소한 인과 속에서 나는 시를 짓고 건축을 쓰게 되었다.

건축전문지 기자와 시인으로서 십 년을 보냈다. 어떤 날은 내가 사랑하는 두 가지 일을 함께할 수 있음에 의기양양했고, 어떤 날은 어떻게 해도 한길을 가는 동료들보다 늘 부족하다는 생각에 의기소침했다. 두 영역에서 전문성을 벼리는 일은 생각보다 결코 쉽지 않았다. 나는 하루에도 몇 번씩 건축과 시 사이를 오가면서 이 중간 어디쯤에 푯대를 세우고 땅을 파면 두 우물이 짠하고 합쳐지지 않을까 생각하기도 했다. 하지만 두 우물의 토양은 다르고, 그렇기 때문에 그 땅을 파는 기술도 다르게 요구했다.

이성과 합리를 기반으로 구축되는 물리적 세계. 시대의 기술과 자본이라는 양 바퀴를 달고 예술을 향해가는 건축은 세상을 시스템적 측면에서 바라보게 한다. 건축가가 그리는 조감도, 평면도, 입면도, 단면도는 아주 선명한 사회적 약속이다. 나는 그 약속과 시스템을 통해서 휴먼스케일을 훌쩍 뛰어넘는 세계를 조망하게 된다.

반면 시를 쓸 때 나는 보이는 것을 질료 삼아 보이지 않는 세계로의 문턱을 넘는다. 그럴 때 기존에 세상을 바라보던 관습적인 프레임을 철거하면서 내면의 깊은 절벽 앞에 서서 오로지 언어만을 붙잡는다.

이렇게 서로 너무 다른 건축과 시인데, 그 유사성과 관계성을 따지는 일이 지극히 비유적 층위일 뿐이라고 느껴질 때가 많았다. 간혹 주변에서 기대하는 것처럼 두 세계의 언어를 섞어보려는 시도도 해봤지만, 이제 억지는 부리지 않고 있다. 하지만 아주 가끔, 건축을 설명하는 언어의 한계를 느낄 때 문학적 언어가 어디선가 흘러들어오기도 하고, 시를 쓰며 문학적 상상력의 한계를 느낄 땐 건축의 패러다임이 창문을 열어주기도 한다. 내가 두 우물을 동시에 팔 수는 없지만, 어떤 순간에 두 우물이 스스로 연결되는 것을 경험한다. 가장 좋은 점은 한 우물을 파는 일에 너무 간절한 나머지 내가 파놓은 구멍에 내가 묻히는 우를 범할 새가 없다는 것이다. 그것만이 자신의 전부라는 절실함이 성공의 여부와는 상관없이 정신을 훼손시키는 것을 자주 목격했다. 한편 두 우물을 파고 있는 자, 대상에 대한 각각의 사랑과 거리를 지키며 바쁘게 파고 또 판다. 가끔 고개를 쳐들고 눈물을 훔치면서.

5월 2일

시

아사나*를 향하여

화면이 손바닥과 합일된 이래,
무엇을 이루고자 하면 이미 무엇이 이루어진 이미지,
손바닥에 켜진다

따라 하다, 라는 수행이 난무한 이래,
따라서
에카파다 라자카포타아사나,
왕비둘기 자세라고도 한다기에 최선을 다해 왕비둘기가 되어본다
  조류의 가슴 부피를, 발끝의 경도를, 눈빛의 단순성을
  따라하며

몸과 몸이 만나고 몸이 몸을 비틀고 몸에서 몸이 따라올 때

또다시 손바닥에 켜지는 세계

두 세계의 합일이 아사나는 아니다

그러나 모든 이래에도

어딘가에는 있다

몸과 몸 이외의 것들이 이루는 각자의 세계

고요한 고유한

손바닥이 홀로 열리는 세계

---

* 요가 수트라의 여덟 단계 중 삼 단계 수행법. 수십 가지의 아사나가 있다.

5월 3일

단상

나의 얼굴 찾기

얼굴

어떤 날, 영화처럼 내가 나로부터 분리되어서 온종일 자신의 얼굴을 관찰하게 된다면. 그래서 자신의 표정을 놓침 없이 읽게 된다면. 마침내 자신이 겪는 모든 감정을 온전히 마주하게 된다면. 나와 내 생을 조금 다르게 바라보게 될까? 사람은 자신의 진실한 얼굴을 알지 못하므로 살아갈 수 있는 것일까, 아니면 신이 숨겨둔 단 하나의 얼굴을 찾는 데 온 생을 다 써버리고 마는 것일까.

잠자는 얼굴

잠자는 얼굴은 대개 무방비하다. 그 무방비의 얼굴은 종종 곁에 누운 사람에게 살짝 허락되며 스스로에게는 좀처

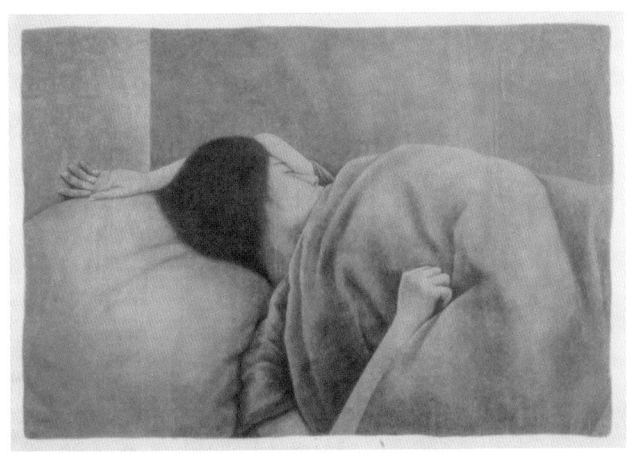

양유연, 〈초석〉, 2021, 장지에 아크릴릭, 150×210cm.

럼 허락되지 않는 얼굴이다. 하루가 희석되는 얼굴이다. 근심도 기쁨도 악의도 선의도 분노도 묽어지고 맹탕이 되는 순간의 얼굴이다. 국가 최고 권력자도 부자도 연예인도 회사원도 학생도 잠잘 때만큼은 우리 모두 비슷한 얼굴이 된다. 아무도 시키지 않았지만 어느새 정해진 본분을 따라 하루종일 바쁘게 움직이던 입과 눈썹과 광대 같은 것들의 편안한 자리는 사실 다 비슷한 게 아닐까.

그러나 묽어진다고 해서 완전히 사라지는 건 아니다. 비숫해진다고 해서 똑같아지는 건 아닌 것처럼. 중요한 것은 최대로 옅어진 자리에서 가장 선명한 얼굴이 떠오른다는 것이다. 그날 손에 쥐었던 모든 것이 증발하고 남은 최후의 감정만이 잠자는 얼굴에 드리워지는데, 우리는 이 티켓을 제출하고 꿈속으로 떠날 수 있다는 것이다.

무거운 얼굴

세상에서 가장 무거운 것이 눈꺼풀이라고 했던가. 비유적 차원에선 그럴 수 있겠지만, 실제로 신체에서 가장 무거

최수진, 〈돌얼굴〉, 2019, 캔버스에 오일, 40×40cm.

운 것은 머리가 아닌가? 나는 인간의 얼굴이 왜 신체의 맨 꼭대기에 있는지 가끔 의아하다. 그 어떤 부위보다 무겁고 중요한 것인데, 왜 가장 위태롭고 개방된 위치에 달려 있는 것일까. 조금 더 아래쪽에 존재한다면 숨기기에도 편하고 극심한 두통이 있을 때 안마도 해줄 수 있을 텐데. 그러다 문득 그리스신화에 등장하는 영웅 시시포스를 떠올린다. 신을 속인 죄로 산 밑의 거대한 바위를 산 위로 밀어올리는 벌을 받은 시시포스. 겨우 산꼭대기에 올려놓으면 굴러떨어지는 돌을 또다시 밀어올려야만 한다.

실로 마음의 상태를 관장하거나 보좌하는 것이 몸이라면, 그중 마음과 가장 자주 연동되는 것이 얼굴(머리)이라면, 바닥에 자꾸 떨어지는 마음과 얼굴을 꼭대기까지 밀어올리는 것이 현대인이 받는 벌은 아닐까 생각한다. 바위처럼 무거운 얼굴을 양손으로 받치고.

나를 위한 귀
귀는 언제나 열려 있다. 낮이고 밤이고 닫힐 줄을 모른다. 들리면 듣는 것이다. 일단 들어온 것들을 내보내지 않는다.

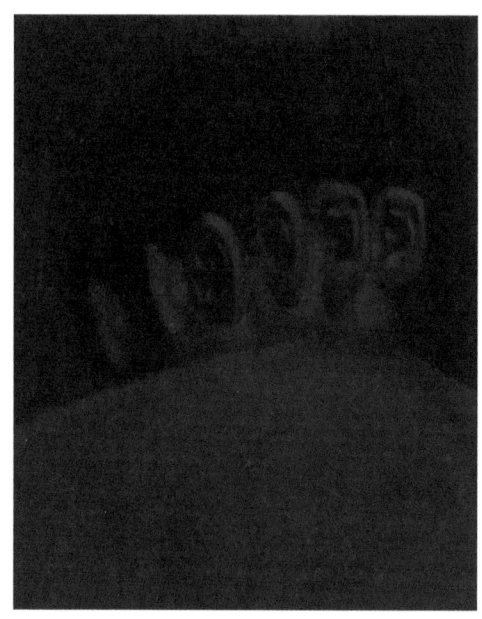

이동혁, 〈귀 있는 자2〉, 2018, 캔버스에 오일, 40.9×31.8cm.

그런 면에서 귀는 처절하다. 태어나서 죽을 때까지 침묵으로 일관한다.

얼굴 양쪽에 달린 귀는 얼굴에 달린 기관 중 가장 이타적이다. 부드러운 귓바퀴부터 얇은 고막, 고리관, 달팽이관까지. 외부의 것들을 정성스럽게 담아 내 안으로 이르게 하겠다는 의지의 자세하고 섬세한 형태다.

 아침에 사랑하는 개가 곁에 와 낑낑거리는 소리, 밥이 다 됐다는 소리, 문 닫히는 소리, 회사 상사가 지시하는 소리, 기차 지나가는 소리, 자동차 창문을 열며 욕하는 소리, 무엇인가 깨지는 소리…… 귀는 그 모든 것을 어두운 방에 쑤셔넣고 다시 텅 비어버린다. 그것이 귀의 능력.

 그런 귀가 여섯 개나 있다면? 두 개만 남겨두고 나머지 네 개는 세계로부터 귓등을 돌려 나의 소리만을 듣는 귀이기를. 내 귀에 꽂고 내 몸에 대는 청진기처럼.

곡예하는 얼굴
 노동의 숭고함을 믿는 것과는 별개로 가끔 회사생활이 곡예가 가깝다는 생각을 하곤 한다. 줄타기, 곡마, 요술, 재주넘기 공 타기 따위의 연예를 통틀어 이르는 말이면서 아슬아슬할 정도로 위태로운 동작이나 상태를 일컫는 곡예. 이 곡예를 한참 배울 때 분주한 신체와 마음을 따라 나의 얼굴도 희노애락을 구사하느라 쉴 틈이 없었겠지만, 노동이

노상호, 〈C-111〉, 2015, 종이에 수채, 27×21cm.

든 곡예든 반복에 반복을 거듭하다보면 기계적 차원에 이르는 순간이 찾아온다. 그럴 때 우리가 잃어버리는 것이 있다면 그것은 표정이 아닐까. 표정 없음. 무표정은 얼마나 서늘한 감각인가. 그러나 그 무표정의 경지 속에서 찾아오는 안정감을 나는 좋아한다. 거꾸로 매달려 온몸으로 중력을 견디고 있을지라도, 두 팔로 매달려 허공에 두 발을 띄우고 있을지라도, 초연함을 유지하는 감각. 희로애락의 얼굴만이 인간의 삶을 대변하지 않는다는 것이 나는 다행스럽다.

 이별을 앞둔 얼굴
 연인이 서로를 잘 마주보지 않는다면 둘 중 하나일 가능성이 높다. 같은 곳을 바라보며 같은 표정을 공유하고 있거나, 서로의 얼굴을 보는 것이 곤혹스럽거나. 이별이 바짝 다가왔다고 느낄 때면 상대방과 가시덤불 속을 함께 걷는 것 같았다. 내 살갗이 찢겨나가는 걸 보면서 이것이 내가 견딜 수 있는 슬픔인지 가늠해보기도 하고, 이 고통이 나에게만 있는 것이 아니었으면 하는 저주의 마음을 갖기도 한다. 어쩌면 의외로 함께 이 가시덤불을 통과해낼지도 모른다고 생각하면서…… 바로 옆을 절대로 쳐다보지 않은 것은 아마 상대의 얼굴을 마주하는 순간 가시덤불이 나를 집어삼킬지도 모른다는 공포 때문이었을지도.

 그러나 이 공포는 영원히 지속되지 않고 어떤 식으로든

이제, 〈검은 오후〉, 2021, 캔버스에 오일, 130.3×162.2cm.

끝이 나며, 한 장의 이미지로 요약되곤 한다. 거기엔 우리의 얼굴이 지워져 있고 가시덤불도 없으며, 우리를 감돌았던 색과 온도의 붓질만 남아 있다.

5월 4일

시

인터뷰어

물음표로 끝나는 문장 말고
느낌표로 시작하는 문장 모으기

눈빛 교환 그런 거 말고
먼 곳을 보며 당신의 뒤통수 더듬기

당신을 빗나가면서
침묵으로 유도하기

완전히 도착한 말 뒤로
미처 따라오지 못한 말을 매달고
매달리기

5월 5일

인
터
뷰

5월엔 오은 선배가 어쩔 수 없이 자꾸 생각난다. 그의 생일이 5월에 있기도 하거니와(그의 생일파티를 몇 번이나 내가 주관할 뻔했음) 선배가 언제나 어린이의 마음을 재현하고 있기 때문이다. 그의 시집 『나는 이름이 있었다』(아침달, 2018)가 출간된 지 얼마 안 되었을 때, 그는 내게 전화해 "나를 인터뷰하거라" 하며 어린이처럼 명령하였다. 그 인터뷰는 2018년 『현대시』 11월호에 실렸고, 5월 5일은 오은이라 여기에 남긴다.

5월은 오은
| 주황 소년의 기도 |

박세미(이하 박) | '오은'이라는 이름에 관해 두 번 정도 물어본 것 같은데, 선배의 대답이 기억나질 않네요. 한 번만 더 말해주세요. '오은'은 누가 지어줬는지, 무슨 뜻인지, 얼마나 마음에 드는 이름인지. 그리고 괘씸한 김에 이 인터뷰에서만큼은 그냥 이름으로 불러도 될까요?

오은(이하 오) | 흔쾌히 인터뷰어로 나서주셔서 정말 고마워요. 나중에 이 빚은 꼭 갚겠습니다. 참, 이름으로 불러요. 전혀 괘씸하게 느껴지지 않습니다. 나는 이름이 있었으니까요, 아니 이름이 있으니까요. (웃음) 오은은 한자로 吳銀이라고 써요. 금은동 할 때의 은인 셈이죠. 아버지께서 이름을 지을 때 2등만으로 만족하는 삶을 살았으면 좋겠다고 생각하셨대요. 오금이나 오동은 발음하기에도 좀, 이상하잖

아요? (웃음) 일곱 살 때였을 거예요. 친가 쪽 집안 항렬자가 '진'이에요. 그래서 친형부터 시작해 한진, 중진, 우진, 세진, 무진, 범진…… 흡사 학익진 같은 진들 틈에서 소외감을 느끼곤 했어요. 그러던 어느 날, 삼촌이 "너는 주워와서 이름이 외자야"라고 놀렸을 때 오열하고 말았지요. 울면서 제가 아빠에게 이렇게 물었다고 해요. "아빠, 왜 나는 오은이야?" 아빠가 대답했대요. "오금은 저리고 오동은 나무니까." 신기한 것이 제가 울음을 뚝 그쳤대요. 마치 그 뜻을 알아듣기라도 했다는 듯이 말예요. 어릴 때는 여자 이름이라고 놀림받기도 했지만, 돌이켜보면 저는 늘 제 이름을 좋아했던 것 같아요. 중성적이어서 좋았고 울림소리로 구성되어 있어서인지 발음하면 기분이 맑아지기도 했거든요. 물론, 제 이름을 말할 때보다 들을 때가 더 많았지만 말입니다.

박 | 여름이 끝날 무렵에 시집 두 권, 『나는 이름이 있었다』(아침달, 2018)와 『왼손은 마음이 아파』(현대문학, 2018)를 내놓았어요. 저는 이 두 시집을 받아들었을 때 제목이 조금 낯설었어요. 그간의 오은의 시집 『호텔 타셀의 돼지들』(민음사, 2009)이나 『우리는 분위기를 사랑해』(문학동네,

2013), 『유에서 유』(문학과지성사, 2016)처럼 명랑하고 위트 있는 제목이 아니어서요. 이름을 잊었거나 잃어버린 사람, 그리고 덜컥 낭떠러지로 떨어진 마음을 더듬는 손이 떠올랐어요. 앞선 세 개의 시집들과는 조금 다른 시간을 다른 방식으로 통과했다는 생각이 들어요.

오 | 생각해보니 『유에서 유』가 출간된 지 이 년 정도밖에 흐르지 않았네요. 세번째 시집이 나오고 저는 다니던 직장을 그만두었어요. 한 일 년쯤 쉬기로 마음먹었는데 어쩌다 보니 인디음악 레이블에서 기획자 일을 하고 있더라고요. (웃음) 그사이 조그만 문화 콘텐츠 기획 사업을 하기도 했고요. 지난 이 년 동안 배운 게 많아요. 제가 할 수 있는 일과 하고 싶어도 잘하기에는 역부족인 일에 대해 곰곰 생각하는 시간이 많았어요. 좌절했고, 마침내 웃었어요. 아식은 웃어도 괜찮을 것 같았거든요. 그 와중에 (물리적으로 혹은 심리적으로) 가까이 있던 사람들의 슬픈 소식들을 하나둘 접하기 시작했지요. 그 거대한 슬픔 앞에서, 저는 아무것도 할 수 없는 사람이더라고요. 어느 날, 발표한 시들을 정리하다가 깜짝 놀랐어요. 기다리는 사람, 유예하는 사람, 응시하는 사람, 마음먹은 사람, 좋은 사람…… 제가 저도 모르게

사람에 대해 쓰고 있더라고요. 세미가 "덜컥 낭떠러지로 떨어진 마음"이라는 표현을 했는데, 저 말이 더없이 적확한 것 같아요. 덜컥 낭떠러지로 떨어진 마음 앞에서는 결코 웃을 수가 없더라고요. 힘들어도 웃는 일이 많았던 제게, 불호령이 떨어진 것 같았지요. 물론 이제는 알아요. 힘들 때 웃는 것만이 능사가 아니라는 사실을 말에요. 올해 초에 아버지께서 암 4기 판정을 받으셨어요. 항암 치료를 받으시다 뇌경색으로 입원하시기도 했고요. 치료 때문에 전주에 사시던 부모님이 서울로 올라오셨어요. 다른 일보다 가족과 함께하는 일이 제게 중요해졌어요. 시인의 말에 "저는 이제야 겨우 아들이 되었습니다"라고 쓴 것은 그 때문이에요. 갈팡질팡하는 날들이 많았습니다. 울고 싶은 날들이 대부분이었는데, 울지 않으려고 썼어요. 생각해보니 곁에서, 혹은 먼 발치에서 기도하면서 쓴 시들 같아요.

박 | 『나는 이름이 있었다』는 「사람」으로 시작해서 「사람」으로 끝나요. 그야말로 '사람을 궁리하는' 시집 같아요. 이 시집에는 「얼어붙는 사람」 「기다리는 사람」 「빠진 사람」 「도시인」 「비틀비틀한 사람」 「선을 긋는 사람」 등 별의별 사람

들이 다 등장하고, 각자만의 이야기를 갖고 있는데요. 저는 이 사람(시)들이 극단의 개별성을 갖는 개인으로 읽혔다가 어떤 사건을 공유하는 집단으로도 읽혔다가 종국에는 모든 이름이 지워지고 '사람'이라는 보편적 속성으로도 읽히더라고요.

오 | 원고를 묶기 전에는 이 무수한 사람들이 저를 스쳐지나간 사람들인 줄 알았어요. 스쳐지나가면서 제 가슴에 빗금을 긋고 지나간 사람들, 혹은 어떤 말이나 행동으로 빛무리 같은 것을 끊임없이 상기시키는 사람들 말예요. 그런데 시집 정리를 하려고 원고를 들여다보니 그 사람들 속에는 다 제가 있었어요. 말투든, 행동이든, 하다못해 특정 순간에 짓는 표정 같은 게 다 저 같더라고요. 그것을 발견하고 나니 멍해지더라고요. 내가 '사람'이라는 '말', 혹은 '사람들'이라는 '무리' 속에 숨어 있고 싶었는지 궁금하기도 했고요. 어느 순간, 저는 제가 사람이라는 것을, 정확히 말해 사람이 되어가는 과정에 있다는 것을 깨달았어요. '사람됨'이라는 말이 있듯, 저는 아직 사람이 되어가는 중이라고 생각해요. 별의별 사람들이 다 등장하지만, 그 사람들이 한자리에 모이게 되는 상상을 해봐요. 아찔하잖아요. 내 안에 있는 무

수한 나를 마주하는 것도 그것과 비슷한 양상이 아닐까 싶어요.

박 | 이 많은 사람이 다 어디서 튀어나왔나요? 오늘의 오은과 가장 닮은 사람 한 편만 꼽아주세요.
오 | 「주황 소년」이라는 시가 있어요. 거기에 보면 이런 대목이 있어요. "호기심이 많았어/겁은 더 많았어." 저는 이 구절이 제가 시에 발 들이게 되고 계속해서 시를 쓰게 만드는 힘처럼 느껴져요. 저는 여행보다는 산책을 좋아하고 몸으로 부딪치는 것보다 상상하는 것을 좋아하니까요. 동시에 어떤 말을, 어떤 행동을 해야 한다는 책임감도 있지요. 사람은 그저 한두 가지의 잣대에 의해서만 평가될 수 없잖아요. 그래서 개개인은 모두 복잡하고 개인이 개인을 만나는 것은 어렵고요. 「주황 소년」에는 이런 대목도 있어요. "그것이 있었어/빨강과 노랑의 중간에 있었어." 저는 언제나 '중간'이, 중간에 있는 것이 저라고 생각했어요. 실은 저뿐만이 아니겠지요. 인간人間이라는 단어에는 '사이'가 들어 있으니, 우리는 어쩌면 모두 중간에 있는 셈이죠. 사이에 있을 때 사랑이 싹트고 망설이게 되고 오락가락하게 되고 갈

등이 생기게 되고 오해를 하게 되잖아요. 사람이니까요. 사람과 사람 사이에서 자신이 사람임을 끊임없이 증명해야 하니까요. 호기심 때문에 다가갔다가 겁을 집어먹고 도망치는 소년의 모습 같아서 「주황 소년」이 가장 닮은 사람이 아닐까 생각해요.

박 | 이 시집에서 어떤 화자도 울음을 터뜨리지 않는데, 슬픔을 느낄 수밖에 없는 이유 중 하나가 '있었다'라는 어미가 거의 모든 시에 지배적으로 등장하기 때문인 것 같아요. 단순히 시제가 과거형이라서가 아니라 사람과 사건이 휘발되고 있는 방식이기 때문예요. '있었다'고 쓸 수밖에 없었던 이유가 있나요?

오 | 세미 덕분에 곰곰 생각해보게 되었네요. 고마워요. 왜 '있다'가 아니었을까, 왜 하필 '있었다'였을까. 아마도 『나는 이름이 있었다』에 실린 시들을 쓸 때 너무 고통스러워서 그랬던 것 같아요. 저도 모르게 그 인물들을 과거의 어느 시점에 두고 싶었거든요. 유예하고 기다리고 마음먹고 기다리고 얼어붙고 궁리하는 사람들은 모두 절박한 사람들이잖아요. 이들이 겪는 일들이 설사 지금 벌어지고 있다고 해도,

그것들이 다 지나간 '다음'을 남겨놓고 싶었던 것 같아요. 사건은 휘발되어도 사람은 남으니까요. 남은 사람은 삶의 다음 국면을 향해 뚜벅뚜벅 걸어가야 하니까요.

박 | 『나는 이름이 있었다』가 오롯이 사람을 궁리했다면, 『왼손은 마음이 아파』는 다양하고 작은 세계들의 속살을 들추는 것 같아요. 이 시집은 오은에게 어떤 의미인가요?

오 | 해당 시집이 자신에게 어떤 의미인지는, 공교롭게도 시집이 출간되고 난 후에야 보이는 것 같아요. 『왼손은 마음이 아파』는 제게 보잘것없다고 여겨지는 것, 남루한 것, 그림자처럼 끈질기게 따라오는 것, 벽에 있던 오줌 자국처럼 어느 순간 사라져버리고 없는 것, 사라져버렸다고 생각했는데 벽 속으로 스며들어가 있는 것 등을 기록한 시집 같아요. 그러니까 하나같이 '그다음'에 오는 것들 말입니다. 사랑이 끝나니 사랑이 보이고, 시집이 나오고 나니 시들이 보이는 것처럼, 어떤 순간들은 이후에 저를 사로잡더라고요. 이미 그 일은 끝나버렸는데, 벌써 그 물건은 사라졌는데, 진작 그 사람은 나를 떠났는데…… 마냥 후회하고 있을 수만은 없으니 다시 첫 문장을 써야겠다는 심정으로 쓴 시들이

아닐까 해요.

박 | 『왼손은 마음이 아파』의 첫 시가 「첫 문장」이에요. 시를 쓸 때 첫 문장이라는 것은 정말 중요하고 소중한 것 같아요. 백지에 심는 씨앗이니까요. 이미 시는 시작됐는데, 첫 문장은 마지막에 나타나기도 하고, 시를 시작했던 첫 문장이 정말 첫 문장이 되기도 하고, 변형되기도 하고, 어느 때는 흔적도 없이 사라지기도 하잖아요? 『왼손은 마음이 아파』에 담긴 시들이 탄생하게 된 첫 문장들을 좀 소개해주세요.

오 | 몇몇 첫 문장들을 꼽자면 "메리는 즐겁게 지내려고 애쓰는 아이/즐거운 아이는 아니다"(「메리와 해피와」)와 "얼굴이 여섯 개/영영 마주보지 못하는 얼굴이 있었다"(「벽돌」)를 꼽고 싶어요. 보이는 것이 다가 아니잖아요. 그것을 보고 싶었어요. 그 작업은 나를 들여다보면서 세계의 이면을 조심스럽게 들추어보는 일 같았어요. 첫 문장이 마치 "어제 쓴 줄 알았더니/내일 나타"(「첫 문장」)나는 것처럼 말예요.

박 | 어느덧 마지막 질문이에요. 다시 『나는 이름이 있었다』로 돌아가볼게요. 시집 뒤에 실린 산문 「물방울 효과」를 시

만큼이나 인상 깊게 읽었어요. 그리고 궁금해지더라고요. '결코 바닷물과 섞이지 않는' 물방울 한 점, 어떤 시인이 '일 년을 넘게 끙끙'거린 '조사 하나', 어떤 음악가가 '목을 매고 있었던' 음표의 길이, 어떤 화가가 '크로키를 그리다가 결국 그로기 상태가' 될 때까지 사로잡혔던 '묘사에 대한 강박'이 오은에게는 무엇일까, 하고요. 말하자면 '바다 위에서 자신을 증명하는 방법', 그래서 '바다를 들썩이게 만드는' 오은의 물방울 한 점은 무엇인가요?

오 | 예전에 스타일이 뭐라고 생각하느냐는 질문을 받은 적이 있어요. 그때 우물쭈물하다 "그림자처럼 신체에서 분리될 수 없고 지문처럼 쉽게 지워지지 않는 것"이라고 대답했어요. 제게는 '스타일'이 저 모든 것을 아우를 수 있는, 물방울 한 점이 아닐까 싶어요. 저는 시가 좋다는 말보다 "그 시, 딱 네가 쓴 것 같더라"라는 말이 더욱 좋은 사람이거든요. 그런 말을 들을 때 쾌재를 부르죠. 물방울 한 점을 내가 끝끝내 지켜냈다는 느낌, 조사 하나도 허투루 쓰지 않았다는 느낌, 그로기 상태가 되어도 남은 힘으로 다시 일어설 수 있는 느낌이 생겨나요. (웃음)

5월 6일

시

물의 공사公私

이제 우리, 물로서 도시에 흘러들어갑시다
도시로 입장하는 문으로서 지붕은
우리를 반겨줄 것입니다

지붕에서부터 우리는 갈라지고 갈라져
도시의 구석구석을 증언하게 될 것입니나

깜깜한 원형의 터널을 끝없이 지나고 있습니다
좁아졌다가 넓어졌다가 하는 터널에서
물의 공동체가 겪는 이별과 만남은
절대로 한 방향입니다
세찬 울음도

가만한 호흡도
오로지 앞을 향합니다

맨홀이 들썩거린다면,
물의 시위가 시작되었다는 뜻입니다
지하에 감금되었던 것들이 곧 해방될 것입니다
사라졌다고 믿었던 온갖 거짓말과 악행들이
물의 힘을 빌려 도시에 구멍을 낼 것입니다
물의 침묵을 언제나 두려워하십시오

도시에도 장기가 있다면, 이곳은
신장, 이곳에서 저는
열흘째 머물고 있습니다
온갖 영웅담과 신세한탄이 대류하며 뒤섞이고
자살과 탄생이 자리를 바꾸는 이곳에서
그저 기도를 드릴 뿐입니다
슬픔의 몸 하나가 담긴 욕조로 나를 인도하소서……

하나의 상수도 가압장이 거느리는 수도꼭지가 총 몇 개

나 되는지, 수도꼭지가 사람을 거느리는 것인지, 사람이 도시를 거느리는 것인지 모르겠습니다만,

  샤워기 아래 선 한 사람의 고독이 공중에 뿌려질 때,

  그것이 동전 크기의 하수구로

  졸졸졸 흘러갈 때,

  욕실의 커튼과

  거울에는

  가장 사적인 물의 기록이 새겨집니다

  나의 이동 좌표를 추적하십시오

  도시의 지붕에서 당신의 눈물까지 이르도록

5월 7일

단
상

자세히 보기

보기

보는 일은 쉽다. 자세히 보는 일은 그보다는 어렵다. 의지가 수반되기 때문이다. '자세히 보아야 예쁘다'는 말에 거의 동의하지 않는다. 대충 보았을 때보다 자세히 보았을 때 우리는 인정하고 싶지 않았던, 혹은 마주하고 싶지 않았던 고통과 슬픔의 웅크린 등을 발견할 확률이 더 크다고 여기기 때문이다. 그 등에 손을 뻗을 것인지는 또다른 문제이지만, '자세히 보기'는 보이는 것이 숨겨둔 보이지 않는 무엇을 찾아내기 위해 통과해야 할 첫번째 관문이기도 하다. 그렇다면 자세히 본다는 것은 무엇일까? 종종 예술작품은 내게 그 방식을 가르쳐준다. 아마 보이지 않는 것에 대한 질문과 사유와 감각이, 예술이 태어났던 자리이기 때문일 것이다. 자,

이제 그 자리로 가 자세히 본 후, 잠시 눈을 감으면 새로운 세계로의 진입이다.

일부를 크게 보기

어떤 것을 자세히 보려는 사람은 대상에 가까이 간다. 부분을 크게 보려는 동작이다. 물론 인간의 눈은 카메라나 현미경처럼 자유자재로 배율을 조절하거나 독수리같이 뛰어난 시력을 가지고 있진 않지만, 보이는 것을 땔감 삼아 상상

강예빈, 〈One-night stand〉, 2021, 캔버스에 유채, 60.6×45.5cm.

의 불을 지피고는 한참을 불길에 사로잡힐 능력이 있다. 그때 유용한 땔감 중 하나가 '일부'다. 우리는 곧잘 전체에서 부분을 빵 떼어내듯 하지만, 퍼즐 몇 조각으로 전체 그림을 맞추는 데에는 취약하다. 일부를 보고 오해의 길로 직행한 경험은 수없이 많다. 만약 눈앞에 코끼리 발톱의 일부가 놓여 있다면, 오해는 그들의 서식지 사바나보다 닐 암스트롱이 밟았던 달의 표면에 이미 도착해 있을 수도 있다. 작가가 떼어놓은 일부의 장면 앞에서 나는 이것이 두 마리의 나비인지 확신할 수 없다. 다만 상상할 뿐이다. 이 둘의 관계에 대해. 닿을 듯 말 듯한 신체의 일부(같아 보이는 것)로부터, 그 사이에서 폭죽처럼 터지는 식물의 일부(같아 보이는 것)로부터, 금방이라도 번질 것 같은 붉은 맺힘으로부터 살기를 띤 사랑을 본다.

드로잉하기

생각을 잡아채 문장으로 옮기는 것만큼이나 눈에 맺힌 것을 손으로 재현하려는 것 또한 얼마나 큰 비약인가. 그 비약적 과정 속에서 표현의 비약을 최대한 허용치 아니하고 정확히 묘사하려는 시도는 또 얼마나 의심스러운 일인

조혜진, 〈사물들〉, 2013, 종이에 아크릴, 50×70cm.

가. 『벤투의 스케치북』에서 존 버거는 "우리 같은 드로잉하는 사람들은, 관찰된 무언가를 다른 이에게 보여주기 위해서가 아니라, 보이지 않는 무언가가 계산할 수 없는 목적지에 이를 때까지 그것과 동행하기 위해 그림을 그린다"고 반복해 말한다. 골목 어귀에서 한 번쯤 보았을 법한 이 플라스틱 화분을 응시하면서, 화분의 형태와 비례를 측정하면서,

무늬와 색깔을 가늠하면서 작가는 어떤 보이지 않는 것과 동행했을까? 종이에 옮겨온 화분 너머로 죽어가는 식물들, 버려지는 플라스틱들, 파도의 끈질긴 손톱자국들이 아른거린다.

순간을 보기

여행중 날이 어두워지기 시작할 때, 반딧불이를 보러 나선 적이 있다. 출몰지 안쪽은 이미 캄캄하여 들어가기 어려

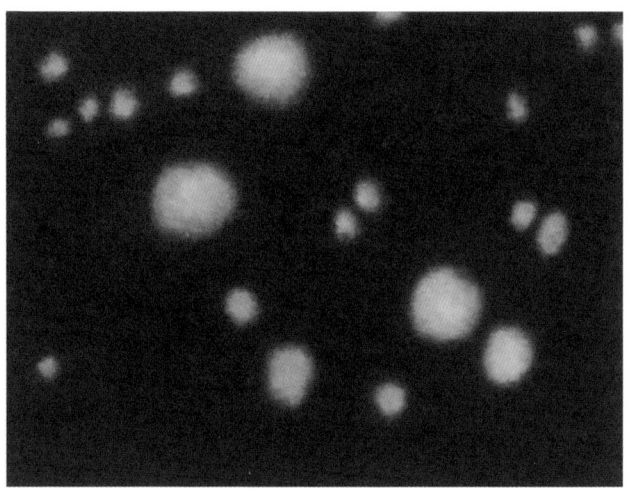

양유연, 〈점멸〉, 2014, 장지에 아크릴릭, 53×45.5cm.

왔기 때문에 바깥쪽 도로를 따라 걸었다. 나무 사이로 반딧불이가 나타나기를 기다리면서, 나는 나무 뒤 어둠을 꽤 오랫동안 응시하다가 마침내 여린 불빛을 보았는데, 이내 사라지고 말았다. 그렇게 나타났다 사라지는 작은 빛이 몇 번…… 그것이 모두 반딧불이었는지, 보고자 하는 욕망이 만들어낸 착시였는지 모르겠지만 숙소로 돌아오는 내내 충만한 감각 속에 있었다. 중요한 것은 내가 순간의 반짝임을 획득했다는 것이었다.

지난해 겨울 내리는 눈을 볼 때도 마찬가지였다. 눈 오는 풍경이 거느린 무책임한 낭만에 매료되지 않으려 애쓰는 편이지만, 그날은 왠지 눈을 자세히 보고 싶었다. 얼굴과 얼굴 사이로, 창과 창 사이로, 일 분 전과 일 분 후 사이로 내리는 눈을. 나타났다가 사라지는 어떤 순간들이 선사하는 단순한 생의 감각이 있다.

움직이는 것을 따라가기

형사들은 범인의 동선을 최대한 자세히 추적한다. 그리고 문득 한발 앞서 범인의 행보를 예측하기도 한다. 우리는

조효리, 〈Bouncing Ball〉, 2018, 캔버스에 오일.

움직이는 어떤 대상을 자세히 봄으로써 다음을 기대할 수 있다. 지금 이 순간은 미래에서 날아오는 공이 아니라 바로 직전에 튀어오른 공이며, 이 공이 다음에 어디로 향할지 정확히 알 수 없지만 곧 그 순간을 맞이하게 되어 있다. 나는 시를 쓰며 늘 언어의 공 뒤를 쫓는다. 지금의 문장은 바로 직전의 문장을 참조하며 튀어오르고 나는 그 공을 쫓을 뿐이다. 놓치지 않을 만큼, 혹은 잡지 않을 만큼의 거리를 유지하면서, 공이 나를 좀더 먼 곳으로, 새로운 풍경으로, 마침내 화면 밖으로 데려가주기를 간절히 열망한다. 공은 작은 움직임으로 시작하지만 그 진폭을 밀착해 따라가보자. 함께 높이 오를 때 그림자마저 사라진다.

기억을 축조하기

기억하지 않는다고 해서 그 누구도 타박할 수 없다. 기억할 것에는 등급이 없고, 당위도 없기 때문이다. 하지만 어떤 기억들은 고통과 슬픔을 유발할지라도 정확하고 자세하게 남겨지기를 우리에게 요청한다. 그럴 때 우리는 그 요청을 거부할 수도 있고 승인할 수도 있다. 또한 우리는 그 요청을 수락할 때 어떤 맥락과 방식으로 개인이나 공동의 역사에 편입시킬 것인가를 결정할 수 있다. 남겨야 할 기억들을 자세히 보고, 어떤 크기로 잘라 어떤 위치에 놓을 것인지, 위아래와 옆에 어떤 또다른 기억을 둘 것인지, 무엇으로 이어붙일 것인지 말이다. 그렇게 세워진 기억 건축물이 하나둘 우리 안에 세워지고 고유한 도시적 풍경을 갖게 될 것이다.

튜나리, 〈동아일보사옥(1926)〉, 2017, 아카이벌 피그먼트 프린트, 125×75cm.

 우리의 눈은 오직 현재만을 살기 때문에 잘 기억하기 위해서 눈을 부릅뜨고 현재를 자세히 보아야 한다. 한편 기억을 자세히 보기 위해서 눈을 감아보는 일은 아름다운 아이러니다.

5월 8일

에
세
이

11시 14분

나에 관한 최초의 기록은 바로 이것이다.

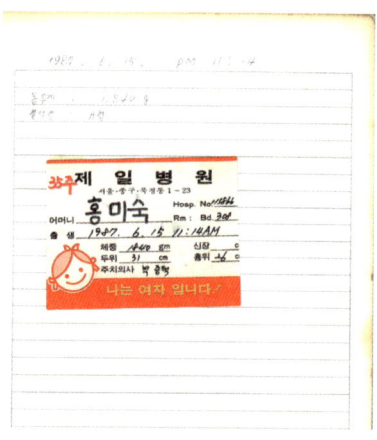

내가 태어난 시간이 '오전' 11시 14분, 엄마가 일기를 쓴 시간은 '오후' 11시 14분. (엄마는 이를 의식하지 못했다고

한다) 내가 태어난 지 정확히 열두 시간이 지나고 작성된 것이다. 다르게 말하자면 엄마가 엄마가 된 지 열두 시간 만에 쓴 것이다. 이날은 내가 세상을 향해 첫울음을 터뜨린 날이고, 홍미숙이 자신의 몸에서 한 존재를 분리시키며 엄마라는 이름을 얻게 된 날이다. 그러니 사실 모든 탄생은 두 존재가 공동으로 소유하는 사건일 수밖에 없다.

그날 이후 약 삼 개월간 엄마는 매일 나에 관해 기록했다. 1987년에 제작된 회사 노트에 아기에 대해 썼다. 나는 이 노트를 내 유년 시절의 일기장들보다 소중하게 보관해왔다. 이삿짐을 쌀 때 제일 먼저 챙겼고, 이삿짐을 풀 때는 내가 생각하는 책장의 가장 좋은 자리에 꽂아두고서야 나머지 책들을 정리했다. 그렇게 애지중지했던 것에 비해 막상 펼쳐 읽어본 것은 몇 번 되지 않는다. 아마도…… 그 안에 적힌 내용들이 대수롭지 않게 여겨졌기 때문인 것 같다. 일기에는 이 세상의 모든 엄마의 상투적 사랑 표현이 펼쳐져 있다. 이를테면, '세미가 공부를 열심히 하여 훌륭한 사람이 되었으면 한다'라든지, '고운 마음씨를 갖고, 이쁘게 자라고, 건강하고' '아빠와 엄마는 너를 한없이 사랑해' '아빠와 엄마의 모든 희망' 같은…… 하지만 이 진부한 사랑의 열거는 마음이 가득할 때 필연적으로 발화되는 것임을 이제 잘 안다.

내가 이 일기장을 조금 더 특별하게 여기게 된 까닭은 기록의 절반 이상을 차지하는 숫자들 때문이다. 하루 일고여덟 번의 수유 시간과 수유량, 소변과 대변을 본 시간, 수면 시간, 트림 횟수 등이 상세히 적혀 있고, 그 아래 짧은 일기가 덧붙여져 있는 식이다. 활자가 시간의 사라진 얼굴을 그려놓는다면, 숫자는 그 얼굴에 있던 결정적인 점 하나를 찍는다. 일기는 날짜라는 손잡이를 우리 손에 쥐여주고 과거의 어떤 지점으로 즉시 데려간다.

엄마가 왜 그렇게 유난스럽게 숫자와 씨름했는지는 짐작건대, 임신중독증을 앓다 열 달을 채우지 못하고 낳아버린 팔삭둥이 아기가 혹여나 잘못될까 하는 염려에서 비롯된 강박 같은 것일 테다. 평균 신생아 체중의 절반 조금 넘게 태어난 아이를 잘 지키기 위해서는 성실한 수치 기록과 진단이 필요했을 테니까. 그러나 이제라면 엄마에게 말해주고 싶다. 그건 순전히 내 성미 탓이라고. 나는 여전히 보통의 인간보다 인내심이 없고, 늘 이 할 먼저 뛰쳐나가버린다.

어쨌든 그 최초의 기록 이후 시간은 뚜벅뚜벅 삼십구 년을 매정하게 걸었고, 그의 발뒤꿈치만 노려보던 나는 약 25배 질량이 되었다. 그동안 나는 여타 많은 자식과 같이 엄마의 사랑에 결핍을 느끼곤 했다. 엄마가 나를 낳다가 죽을 뻔했다는 구전을, 내가 나라는 사실을 자각조차 할 수 없을 때 받은 사랑을 무슨 수로 믿느냐고.

하지만 숫자는 물러설 곳이 없게 만든다. 두 사람이 말싸움을 하는 장면을 생각해보라. 한 사람이 네가 이랬네저랬네 하면, 불리해진 상대방은 내가 언제 그랬어! 하고 시치미를 떼기 마련이지만, 몇 월 며칠 몇 시에 몇 번을 그랬는지 들먹이면 입이 금방 다물어진다. 설사 그것에 오차가 있다고 하더라도 말이다.

1987년 6월 15일 오전 11시 14분이라는 글자를 보고 있으면, 나의 생이 시작되었고, 계속계속 이어져오고 있다는 사실을 인정할 수밖에 없게 된다. 그리고 오후 11시 14분을 보고 있으면 나를 향한 엄마의 사랑이 얼마나 구체적이었는지 더이상 부정할 수 없게 된다.

나는 2003년부터 2012년까지, 그러니까 본격적으로 시를 쓰기 직전까지 이상하리만치 기록에 대한 강박을 가지고 있었다. 매일 밤 두세 시간씩 일기를 썼다. 어떤 날은 네 시간 넘게 꼼짝않고 타자를 두드리다보면 엉덩이에 땀이 났다. 하루가 이십사 시간이라면, 육 분의 일에 가까운 시간이었고, 깨어 있는 시간이 열여섯 시간이라면 사 분의 일이었다. 그것은 글이라기보다 기록에 가까웠다. 몇 시부터 몇 시까지 어떤 사람을 만나 어떤 대화를 나눴는지, 그때 내가 무슨 생각을 하고 무슨 감정을 느꼈는지 썼다. 어떤 사건을 자세히 들여다보기 위해 숫자를 동원하고, 어떤 것을 정확히 기록하기 위해 항상 녹음기를 켜두는 지경까지 이르렀다. 무슨 이유 때문에 그런 강박이 있었는지는 지금도 잘 모르겠다. 다만 그 시기 나의 내부 세계의 중심축이 이동하고 있다는 사실, 이런 시기가 인생에 몇 번 없으리라는 것을 직감적으로 알고 있었던 것 같다. 나는 그때 끝까지 기쁘고 끝까지 절망스럽고 끝까지 생각했고, 아무것도, 정말 아무것도 흘려보내고 싶지 않았다. (물론 지금의 나는 너무 많은 것을 놓치고 흘려보내서 문제지만.)

냉정하게도 그때의 기록에서 어떤 문장도 시적으로 길어 올리지 못했다. 하지만 그때 기록하는 몸에 대한 감각, 그리고 어떤 것을 절실히 여기는 감각은 여전히 내게 남아 있다. 그리고 생각한다. 이 감각이 단 한 권뿐인 엄마의 일기장에서 비롯된 것일지도 모른다고.

5월 9일

인
터
뷰

좋아하는 건축가와 공간 디자이너를 공식적으로 만나 이야기를 들을 수 있다는 것은 기자의 특권이기도 했다. 플랏엠이 만든 공간들은 정말이지, 아름답다. 소유하고 누리고 싶다. 하지만 플랏엠의 두 사람, 선정현과 조규엽이야말로 소유하고 누리고 싶은 사람이다. 이 인터뷰(『Space(공간)』 2020년 8월호)는 그들과 처음 마주앉았던 첫 자리이다. 그 이후 나는 플랏엠의 테이블과 의자, 책장을 하나씩 소유하게 되었고, 그들과 종종 마주앉아 웃고 떠든다.

아름다움의 기능, 그리고 생활
| 플랏엠 |

intro

플랏엠은 2005년을 시작으로 카페 수카라, 에이랜드, 워크룸프레스, 제로 콤플렉스, 루밍, 비아인키노, 라이프북스, 메종 키티버니포니, 작가 강수연 작업실 등 F&B부터 패션, 리빙, 서점, 스튜디오 등 다양한 종류와 규모의 공간을 만들어왔다. 최근 가구 설치를 통한 공간 디자인을 적극적으로 선보이고 있는 플랏엠의 두 디자이너, 선정현, 조규엽에게 공간과 생활에 대한 생각들을 들어보았다.

박세미(이하 박) | 십육 년간 플랏엠의 작업 목록을 보면 이천년대 초반 상업 공간들이 늘어나며, 각각의 개성이 드러나는 공간을 통해 브랜딩이 시작됐던 시기와 맞물린다. 공간

서울시립 미술아카이브(2023), ⓒ하시시 박.

내외부적으로 어떤 변곡점들을 거쳐왔을 것 같다.

선정현(이하 선) | 상업 공간(디자인)에 대한 소비자들의 관심과 태도와 함께 성장하고 변화를 거쳐왔다. 하지만 이제 겨우 십육 년이고 새로운 미래를 고민하며 성장하는 시기에 있다. 성장하려니 힘들다. (웃음) 내부적으로는 구성원이 다섯 명에서 두 명으로 줄었다. 작업실처럼 운영하며 디자인 범위와 형식을 바꾸고 있기도 하다. 기대와 설렘으로 작업하는 요즘이다. (웃음) 데코레이터가 아니라 인테리어 건축가의 역할을 해왔다는 점에서 그때와 크게 달라진 점은 없다. 지금은 공간 디자인을 통한 브랜딩이 흔하지만, 우리

가 작업하던 초창기에는 거의 없던 개념이었다. 2009년 '카페 잇cafe eat'을 할 때 '수카라'로 인연 맺은 김형진 워크룸 대표에게 그래픽 작업을 부탁했다. 오히려 지금은 그래픽이 모든 작업에 꼭 필요하다고 생각하지 않지만, 그때는 카페라는 공간이 이런 디자인도 제시할 수 있다는 걸 김형진과 함께 보여주고 싶었다. 2012년에 작업했던 '토크 서비스'는 가구 설치로 이루어진 첫번째 공간이다. 2015년에는 메종키티버니포니 사옥의 증축과 신축을 사이건축이 맡았고, 플랫엠이 내부 공간과 가구를 작업하면서 협업했다. 이즈음부터 국내 브랜드의 위치가 예전과는 다르다고 느꼈다. 2018년 '라이프북스' 작업으로 우리에게 변화가 있었다. 비아인키노의 쇼룸을 작업하면서 우리는 일층 프로그램을 서점으로 제시하고, 서점의 성격도 제안했나. 단순히 의뢰인이 원하는 공간을 디자인하고 끝나는 것이 아니라 조금 더 능동적으로 공간에 개입하는 디자이너 역할을 경험하고 고민할 수 있었다. 라이프북스에 대한 애정이 크다.

박 | 천장, 바닥, 벽 마감 중심의 인테리어, 혹은 오브제로서의 가구 디자인이 아닌 가구의 설치를 통해 하나의 공간을

총체로 다룬다. 전면 공사가 아닌 가구를 중심으로 공간을 기획하는 특별한 이유가 있는가? 더불어 그러한 방식으로 공간을 다룰 때 어떤 점들을 고려하는가?

조규엽(이하 조) | 이유를 말하자면, 귀찮아서다. (웃음) 공간을 가장 간단하고 쉬운 방법으로 구현하는 것이 좋다. 부수고 새로 만들고 누군가 다시 부수고 또 만들고…… 현명한 방법이라 생각하지 않는다. 그런 공사 과정에서 발생하는 소음, 먼지, 폐기물을 보면 상당히 불편한 마음이 있다. 공사를 최소로 줄이는 대신 중요한 것들을 디자인하는 데 집중한다. 가구 설치만으로 충분히 좋아질 수 있다. 최근에는 조명까지도 디자인하고 있다.

선 | 이런 측면도 있다. (느끼하지만) '유산'이라는 단어가 떠오른다. 서구에는 유산이 있다. 건드릴 수 없는 건축물이 있고, 그걸 지킨다. 물론 그에 따라 도시가 늙고 재미없어지기도 하지만, 기존의 것들을 갈아엎지 않고도 젊은 사람들이 새로운 장면을 제시하곤 한다. 예전에는 기존 공간에 있던 것들을 떼어내는 것에서부터 작업을 시작했다면, 최근에는 정말 꼭 떼어내야 하는지 한 번씩 더 생각한다. 물론 다 그대로 둘 수는 없지만, '기존의 것들을 받아들여야 다른

장면을 만들 수 있지 않을까?' '늘 갈아엎으려다보면 과연 우리에게 유산이라는 게 생길까?'와 같은 물음을 가질 때 우리의 작업도 유산이 되지 않을까 생각한다.

박 | 최근에는 '유산처럼' 연출하는 진기한 현상이 생기기도 한다.

선 | 우리에겐 그냥 공사를 줄이는 방식이다. (웃음) 작년 속초에 작업한 비건카페 루루흐ruruq는 원래 보신탕 가게였다. 바로 옆에 멀쩡하고 깨끗한 건물이 있었는데 클라이언트는 그 가게를 선택했다. 바닥에 주황색의 세 가지 패턴 타일이 깔려 있었고, 예쁘진 않았지만 속초까지 가서 다 갈아엎는 공사를 하고 싶지 않았다.

조 | 유산이라고 해서 거창한 것이라고 생각하지 않는다. 흔적이나 기억 같은 것이다. 그 타일이 더이상 생산되지 않는데, 그렇다고 꼭 알고 봐야 하는 것도 아니지만, 우리의 과거 중 하나라는 점이 중요하다. 아니다. 중요하지 않다. 그냥 그렇다는 거다.

선 | 물론 아직까지 한때 크게 유행했던 공포의 체리 몰딩은 쉽게 용납이 안 된다. (웃음) 언젠가는 체리 몰딩까지 받아

들일 수 있을 만큼 성장하길 바란다.

조 | 기발하게 이용할 수 있을 것이다. (웃음)

박 | 소재의 탐구는 어떤 식으로 해나가는가? 가구의 재료 외에 공간에서 이용하는 요소들이 있는가?

조 | 예를 들자면, 어떤 공간을 만들 때 테이블이 필요하다고 하면, 거기에 놓일 테이블의 이미지를 떠올린다. 그것이 '투명한 테이블'이었으면 좋겠다고 생각할 때, 거기서 투명함이 반드시 유리의 투명함은 아니다. 존재감이 없다는 의미일 수도 있고 반짝거린다는 의미일 수도 있다. 거기서부터 소재의 탐구가 시작된다. 소재에 대해서는 끊임없이 공부하는 중이고, 아는 소재가 많았으면 해서 일종의 시스템에 대한 필요성도 느낀다. 데이터베이스가 구축되어 있어서 디자이너들이 활용할 수 있는 시스템이 마련되면 좋겠다.

선 | 공간을 디자인할 때 자연스러운 것을 제일 중요하게 생각한다. 그러면서 주변 환경을 잘 이용하는 방식을 찾는다. 루루흐의 경우 정면이 서향이다. 통유리로 되어 있어 햇살이 오후 두시부터 들어오기 시작해 해가 질 때쯤엔 실내 안쪽 끝까지 들어온다. 차양막을 매달거나, 건물 외관에 장치

를 두거나, 블라인드를 달아서 막을 수 있다. 하지만 빛을 차단하기보다 이용하고 싶어 창 앞에 화단을 만들고 대나무를 심었다. 바람이 불면 대나무가 움직이고 그림자도 움직인다. 빛과 바람, 지역적 특성을 활용하려고 노력한다.

박 | 매 프로젝트마다 고유한 작업을 한다. 시제품이 생기면 그걸 양산하여 판매할 수 있는 시스템도 만들 법한데, 그렇게 하지 않는다. 플랏엠의 가구를 사고 싶어하는 사람들이 많다. (웃음)

선 | 일부러 하지 않는 것은 아니다. 좋은 생산자, 제조자를 만나서 우리 가구를 양산하고 싶은 희망이 있다. 가리모쿠 같은 회사들이 부럽다. (웃음) 지금 단계에서는 생산에서 판매까지 하려면 정작 우리가 하고 싶은 디자인 작업에 소홀해질 수밖에 없다는 생각이다.

조 | 이 또한 지원 시스템이 있었으면 좋겠다. (웃음) 만드는 일과 파는 일은 완전히 다른 문제다. 기술뿐 아니라 물류, 유통, 가격 책정 등을 타진해볼 수 있는 시스템이 필요하다.

설치개방, 〈living, seoul 8py〉(2020), ©샐리최. 설치개방, 〈living, seoul 8py〉(2020), ©샐리최.

박 | 2016년부터 가구 프로젝트 '논픽션 홈'을 진행하고 있다. 가구의 구조와 소재에 대한 실험인 동시에 사람들의 행동이 가구에 따라 어떻게 변하는지 살피고, 그 과정과 결과를 기록한다는 점이 무척 흥미롭다. 지난 2020년 5월 11일에도 〈리빙, 서울 8평living, Seoul 8py〉이라는 주제로 집을 개방했다. 이에 대한 내용을 들려달라.

선 | 2018년 처음 '설치 개방'이라는 형식을 시작했고, 전시, 팝업, 쇼케이스와는 목적이 달랐다. 사람들이 우리가 설치한 장소에서 어떤 심리적 반응이 있었으면 했다.

조 | 가구 설치만으로도 공간을 바꿀 수 있다는 걸 보여주는 것이 논픽션 홈의 목적이었다. 일상의 아름다움을 생각하는 것. 〈리빙, 서울 8평〉은 나의 개인적 경험에서 시작했다. 모든 사람이 열심히 일하면서 살아가는데도 불구하고 삶이 나아질 가능성이 보이지 않는다는 생각이 들었다. 즐거운 날은 아주 가끔, 혹은 없다는 느낌. 그에는 다양한 이유가 있을 테지만, 어느 날 문득 주거 환경 때문일 수도 있겠다는 생각이 들었다. 공간 디자인을 하고 있으면서도 정작 나의 집에서는 일상의 아름다움을 느낄 수 없었고, 충분히 쉴 수 있을 만한 공간이 없었다. 나의 공간에서 어떤 걸 바라봐도 아름답지 않으니 기분이 좋아질 리 없는 것이다. 이사를 가기로 마음 먹고 공간을 바꾸면서 내 삶이 바뀌는 것을 확인하고 싶었다.

선 | 며칠 전 조규엽의 이야기를 듣고 기분이 좋았다. 월요일에 출근해 주말에 잘 지냈는지 물었는데, 예전 집에 있을 때는 집에 누워 있는 자신이 한심해 보였는데, 지금은 똑같이 누워 있어도 좋은 생각들을 한다더라. 진정한 휴식을 하게 된 거다. 주거 환경이 바뀌니 사람이 바뀌었구나 했다. 알바로 시자의 건축을 다룬 책 『알바로 시자: 더 펑션 오브

뷰티Alvaro Siza; The Function of Beauty』에서도 볼 수 있듯 아름다움의 기능은 우리 모두가 알고 있다. 생활환경이 아름다울 때 우리가 어떻게 변하는지 논픽션 홈을 통해 실험해보고 싶었다. 지금 우리 눈에 보이지 않지만 어렴풋하게 떠오르는 형상들, 그 너머에 분명히 있을 방식. 상상만으로는 보이지 않던 것이 설치가 끝나고 나면 그제야 보이는 것, 거기에 다가가고자 하는 것. 논픽션 홈은 성장기인 우리가 다음 단계로 가기 위한 매개이기도 하다.

박 | 상업 공간뿐 아니라 개인 공간으로 자신을 표현하려는 사람들이 늘고 있다. 모두가 건축가가 지은 단독주택에 살 수는 없는 노릇이다. 사물, 가구에서부터 자신의 공간을 가꾸기 시작했다. 그러한 흐름 속에서 유행도 빠르게 변하고 취향의 무분별한 복제가 일어나기도 한다.

선 | 조규엽이 그랬듯 나 역시 생활환경을 바꾸면서 많이 변했다. 나는 어릴 때부터 독서 습관이 잘 형성되어 있지 않았고, 성인이 되어서도 피곤하다는 핑계로 잘 읽지 않았다. 나의 문제라고 생각했다. 이전에 살던 곳도 깨끗하고 멀쩡했지만, 퇴근하고 돌아오면 어디에 앉아야 할지 몰라 방황하

다가 그냥 주저앉아 티비를 보곤 했다. 어느 날 우리가 만든 소파를 집에 놓으려고 조규엽과 함께 옮길 일이 있었는데, 그가 소파 옆에 책장을 놓기를 추천했다. 평면으로 보면 이상한 배치고 동선도 불편해 보였는데, 일단 해보기로 했다. 이후에 거짓말처럼 나는 소파에 앉아서 책을 보기 시작했다. 나는 책을 읽을 수 있는 사람이었다! (웃음) 그러나 보여주기 위해 꾸미는 것과 나와 내 삶이 바뀌는 것은 다른 얘기다. 공간을 전시하거나 이미지로 소비하는 걸 넘어서 개개인의 생활이 바뀌는 데까지 공간 문화가 성숙해졌으면

푸드 실방(2021), ©하시시 박.

스펠 에디트 선큰가든(2021), ©하시시 박.

한다.

조 | 우리나라의 가구 역사가 짧기 때문에 이제 시작이다. 환경 때문에 잃는 것이 많다. 기반 시설과 기본 환경이 좋아야 한다.

박 | 마지막으로 '공공성' '지속가능성'에 대한 플랏엠의 생각도 듣고 싶다.

조 | 국가 혹은 지역 차원에서 동네마다 수영장을 만들어주면 좋겠다. (웃음) 앞으로의 복지는 생존에서 한 걸음 더 나아가 취향이나 생활의 여유에 대한 것이어야 한다고 생각한다.

선 | 동네마다 수영장이 하나씩 있다면 삶의 질이 달라질 것이다. 더불어 지역사회의 커뮤니티 역할도 하게 될 것이다. 공간을 통해 자신을 표현하는 개인들이 늘어나는 것과 공공 공간의 양질을 담보하는 것의 균형이 맞아야 좋은 사회라고 생각한다. 점점 지역사회 중심의 시대가 되는 것 같다. 플랏엠 역시 지역사회에 기반을 둔 공간들을 작업하고자 한다.

조 | 핫플레이스로서의 카페가 아니라 동네 커뮤니티의 구

심점 역할을 하는 카페 공간을 디자인하고 싶다. 한편 카페 문화가 발달하는 것도 중요하지만 개인 주거 환경의 질도 중요하다. 집에 있기 싫어서 카페에 나오는 것이 아니어야 한다.

선 | 생활 혹은 주거 환경은 플랏엠에게 굉장히 중요한 이슈다. 아이러니하게도 주거 프로젝트를 거의 하지 않지만, 우리의 모든 디자인 태도가 주거 생활로부터 시작된다. 완벽한 쉼. 나를 무방비로 만들고 완벽하게 쉴 수 있는 공간이 중요하다.

5월 10일

시

임차인

실내용 슬리퍼를 신으면서
밖에 좀 나갔다 올게, 말하는 사람
전자레인지 문을 열면서
언제 들어올 건데? 묻는 사람

손에 묻은 인주를
벽에 문지르다가 일회용
물티슈로 다시 벽을 문지르는 사람

일회용 물티슈라는 게 뭐지?
물티슈를 물에 씻어
말리는 사람

5월 11일

에세이

다만 나는 오늘의 새로운 맥락이 된다 1

1

이 순간 "공식은 아무것도 아니다. 생활이 모든 것이다. 생활은 마음과 심장이다"*라는 아일랜드 건축가 아일린 그레이Eileen Gray의 말이 떠오르는 건 왜일까. 새로운 사회를 열망하던 시대의 요구에 응당하듯 새로운 건축의 5원칙을 발표한 르 코르뷔지에를 향한 비평이었다. 물론 이것은 근대건축의 논리적이고 기계적인 접근과 인간의 감성 혹은 자유에 대한 접근으로서 동시대 건축가 간의 대립이었고, 20세기 초반 유럽에서 혁신과 제안을 꿈꾸던 건축가의 선언이라는 측면에서 아일린 그레이의 방식 역시 르 코르뷔

---

* 김혜정, 『차이와 차별』, 공간사, 2006, 129쪽.

지에의 것과 다르지 않았다. 나는 다만, 그들이 새로운 것이라며 가리킨 손가락의 방향 중 아일린 그레이의 것이 더 마음에 들었을 뿐이다. 일관된 시대정신이나 양식이 성립되기 어려운, 모든 것이 예측 불가능하고 파편화된 이 시대에 오로지 현재만을 휘발시키며 살고 있는 나에게 어딘가로 치켜들 손가락 따윈 없다. 나는 다만, 하루하루 주먹을 쥐고 생활과 겨룰 뿐이다.

또 생각나는 것이 있는데, 이번에는 건축가 니시자와 류에의 문장이다. "개인의 존재는 시대와 사회에 의해 만들어짐을 깨닫는다. 그런 의미에서 이론적인 부분을 배제하고 자신이 재미있다고 느끼는 부분을 창조하면 결과적으로 시대성을 가진 무언가 나타나지 않을까? 물론, 지금 재미있다고 느끼는 것들이 과거에도 존재했기 때문에, 그런 의미에서 보면 현재가 순수하게 현대만으로 구성되는 것은 아닐지 모른다. 현대성 속에는 역사도 포함되어 있다."*

---

* 니시자와 류에, 『열린 건축』, 강연진 옮김, 한울, 2016, 28쪽.

20세기 건축가인 르 코르뷔지에나 아일린 그레이에 비하면, 21세기 건축가인 니시자와 류에의 말은 어조에서부터 힘이 없다. 그가 허무주의자가 결코 아님에도 말이다. 그냥 '그렇지 않을까?' '그럴지도 모르겠다'와 같은 태도가 나와 비슷하고, 이런 태도가 좋지도 않지만 나쁘지도 않다는 것이 내 입장이며, 나 또한 다만, 하루하루 살아내고자 재미있는 것을 찾을 뿐이다.

2

얼마 전 나의 첫 시집 『내가 나일 확률』을 들춰볼 기회가 있었는데, 출간된 지 삼 년밖에 지나지 않았음에도 불구하고 요즘 내가 구사하고자 하는 시의 풍경이 그때와는 꽤 바뀌었다는 느낌을 받았다. 생각해보면 첫 시집으로 묶인 시들은 이십대에 쓴 것들이 대부분이고, 지금은 삼십대 중반을 지나고 있으니 시의 움직임 또한 자연스러운 것이겠지만, 그때도 지금도 고달픈 것은 마찬가지다. 솔직히 나는 생활을 영위한다는 것이 곤혹이다. 한 가정의 구성원으로서 최소한의 의무를 다하는 것, 먹고 자고 입기 위해 돈을 버는 것, 체면을 지키기 위해 조금 더 돈을 버는 것, 미래를 위해

저금하는 것, 조직의 일원으로 그 위치에 맞게 책임과 역할을 다하는 것, 화를 다스리는 것, 휴식을 취하기 위한 환경을 조성하고 지키는 것, 일에 대한 전문성을 높이는 것, 그 가치를 찾는 것, 취미를 일구는 것, 친구를 사귀고 관계를 유지하는 것, 슬픔을 달래는 것, 주변을 정리정돈하는 것, 잘못된 습관을 고치는 것, 종종 기쁨을 누리는 것, 읽고 쓰는 것, 생각하는 것, 그리하여 또 쓰는 것까지. 생활이란, 한 사람이 이 모든 것을 동시에 아무렇지도 않게 (혹은 아무렇지도 않은 것처럼) 하는 것이 아닐까.

약 팔 년 전 『문학과사회 하이픈』 2017년 여름호 특집 좌담에서 나는 시와 삶을 분리해서 사는 것 같다고, 그게 맞고 틀리고의 문제는 아니겠지만 개인적으로 일상에서 맞닥뜨리는 문제의 무게들이 시적으로 잘 다가오지 않는다, 재정, 가족, 연애, 업무에 관한 문제가 있어 그 고통의 시간에 진입하면 시적인 사고 작동이 완전히 멈추는 느낌이라고 말한 적이 있다. 아마 나에게 시는 현실의 도피처, 일상의 탈출구라고도 덧붙였던 것 같다. 시를 쓸 때면, 나를 둘러싼 무수한 현재들의 고리를 끊어내고 조금이라도 먼 과거와 미래의 시간으로 가고자 했다.

또 언젠가 한 문예지 연재 코너에 나는 다음과 같이 적은 적이 있다. 자기 존재에 대한 물음, 존재의 근원을 추적하다 보면, 결국 나를 둘러싼 거대한 맥락이 있음을 알게 된다고. 지금의 나에 이르기까지 '이렇게밖에 될 수 없는' 필연성을 마주하게 된다고 말이다. 나는 시를 쓰면서 나를 포위한 이 맥락에서 벗어나 단독의 존재로 우뚝 서기를 갈구했으나 그것이 불가능한 일임을 깨달을 뿐이었다고.

3

'맥락(콘텍스트)'은 어떤 건축물을 읽고자 할 때 자주 등장하는 개념 중 하나다. 맥락주의는 대상을 설명하는 데 있어 그 대상과 관련된 다른 대상이 연관되는 관계 속에서 그 자체의 속성을 발견하고자 하는 태도인데, 건축 이론에서 맥락주의는 건축물이 지어지는 환경의 문자적이고 추상적인 특성에 대응하며 디자인하는 접근 방식을 일컫는다. 이는 대지에 보편성과 이상을 투영하는 것에 대한 가치를 주장하는 건축 역사·이론·비평가였던 콜린 로우 Colin Rowe에

의해 1960년대에 처음 옹호되었다. 건축물이 대지에 단독 존재로서 우뚝 서는 것이 아니라 대지를 둘러싼 물리적, 비물리적 환경의 수많은 요소로부터 영향을 받으며 생성된다는 것인데, 다른 분야에서보다 훨씬 구체적이고 물리적인 결과로 도출된다. 인접한 곳에 어떤 형태의 어떤 규모의 건물이 있는지, 어떤 방향에 자연이 있고 어떤 방향에 도시가 있는지, 그 장소가 역사적으로 어떤 의미가 있는지, 대지의 형상이 어떠한지, 주변의 전망을 건물로 어떻게 끌어들일지와 같은 실질적 고민이기 때문이다.

중요한 건 이것이다. 기존의 맥락 위에 세워진 건축이 또 다른 맥락이 될 수 있다는 가능성. 미국 철학자인 스테판 페퍼Stephen Pepper는 맥락주의를 '변화'와 '새로움'을 담기 위한 방법이라고 보았는데, 하나의 사건이 이미 주어진 사건에 침투해서 변화를 일으킬 때, 그 변화로 인해 일어나는 새로움을 포착하는 방법이라는 것이다. 포스트모더니즘 건축을 대표하는 이론가이며 건축가인 알도 로시Aldo Rossi 역시 도시의 맥락을 유추하여 나온 건축의 유형이 새로운 도시를 만들어나갈 수 있다고 주장했다. 건축의 근원이 세계(도시)

안에 있음, 즉 건축이 세계를 이루는 한 부분임을 전제로 할 때 차이(새로움)가 발생한다는 것이다.

4

비약이 크긴 하지만 이러한 맥락주의 어법으로 나의 생을 바라본 이후 두 가지 측면에서 조금 더 편안하게 시를 쓰게 되었다. 일단 맥락으로부터 필연된 나를 인정하고 나를 둘러싼 환경에 내가 빠져 있다는 사실을 외면하지 않게 되면서, 기존 맥락 위에서도 내가 충분히 새로운 맥락이 될 수 있다는 가능성을 엿보게 되면서 시를 쓸 때 나의 생활을 저주하지 않게 되었다. 한국에 살고 있는 서른여섯의 여성, 한 가정의 맏딸, 평일엔 오전 아홉시부터 오후 여섯시까지 근무하는 직장인, 건축전문기자 등과 같은 사회문화와 나의 역학 관계가 더이상 시쓰기를 방해하지 않게 되었다. 오히려 이것들로부터 나의 시적 언어가 새롭게 조형될 수 있다는 가능성만으로도 내가 구사할 수 있는 시의 풍경이 넓어지게 된 것이다. 이러한 전환을 겪는 와중에 발표했던 시를 빌려 그 과정을 표현할 수 있을 것 같다.

1인 운영 국숫집의 주인

국수 한 그릇이 손님에게 나가기까지 필요한 모든 과정이 그의 일이다 그는 자가제면을 고수하고 있다

그러나 기계의 일이다 그는 기계를 돕는다

숙달된 일에는 생각이 잘 끼어들지 못한다

그날도 그는 제면기를 켜고 반죽을 밀어넣고 있었는데

순간이었다

기계가 그의 손을 반죽인양 빨아들인 것은

기계와 손이 서로를 단단하게 옥죄어 상대의 작동을 중지시켰을 때

생각만이 이 가게에서 움직일 수 있는 유일한 권리를 갖게 되었다

처음이었다 그는

자신이 기계가 아니라는 생각을 해본 적 없는 것이며, 손가락이 국수 가락이 될 수 있다는 가능성도 생각해본 적 없는 것이며, 손 조심 안내문이 붙어 있는 것과 실제로 손을 조심하는 일 사이의 관계없음을 단 한 번도 생각해본 적 없는 것이다

당연한 생각을 하지 않는 것이 당연했던
일하는 자가 생각하는 자가 된 것이다

손을 대신하는 것들은 얼마나 손을 닮지 않았는가

구급대원들은 금방 제면기를 분해했다
세 마디로 이루어진 희망은
생각보다 더 잘게 부스러지고 굽어 있었다

손이 회복되는 동안 가게가 아닌 곳에서
그는 새로운 제면 방식을 생각한다

—졸시, 「일」 전문

  두번째는 오늘을 시로 쓸 수 있게 되었다는 것이다. 요즘 나는 현재를 소거하지 않고, 생활을 제거하지 않고, 매순간 내가 보고 듣고 느끼는 것들 위에 언어를 입히고, 또 그 위에 언어를 쌓는 방식으로 쓰는 재미에 빠져 있다. 새로운 것을 향해 손가락을 치켜들 순 없어도, 이미 존재하는 것과 손잡고 새로운 오늘을 마주할 생각이다. 오늘 나의 노동에 관해, 오늘 본 전시에 관해, 오늘 걸은 도시에 관해, 오늘 만난 사람에 관해, 오늘 꾼 꿈 위에 시적 언어를 대응시키고, 중첩시키고, 충돌시키고, 균열을 발생시키면서 다만 나는 오늘의 새로운 맥락이 된다.

5월 12일

시

들과 창고 사이에서

이 창고는 그가 남기고 간 유일한 것
가지런히 정리된 기구들
유독 맨들거리는 부분으로부터 그의 체온을 떠올립니다
굳게 닫힌 창고는 증폭기가 되어 나에게
울음을 쉬지 않고 되돌려줍니다

고요해진 창고의 뒷문을 여니
파란 물결이 밀려들어옵니다
함께 심었던 수레국화가
나의 전체를 흡수하고 나면

들과 창고 사이의 언덕에 앉아

묻습니다

대답 없이

다음 계절이 되어서

들을 향하여 창고에 큰 창문을 내었습니다

바지를 걷어올리고 벼를 심었습니다

들과 창고 사이에 서서

쏟아지는 비를

맞습니다

그의 대답을 들은 것도 같습니다

5월 13일

인
터
뷰

기자는 최신에 있는 것 같지만, 사실 늘 뒤쫓아 가는 자다. 잘 쫓아가면 다행이고, 잘 좇고 싶은 사람들을 만나면 더 다행이다. 아르의 오현진과 남궁교를 인터뷰(『Space(공간)』 2021년 6월호)하고 돌아오면서, 일본의 세지마 가즈요와 니시자와 류에가 자꾸 떠올랐다. 공간이나 사람이나 꾸밈이 없는데 미가 있으면 좋아죽을 수밖에. 5월엔 그들과 어두운 술집, 작은 조명 아래에서 술 한잔 하고 싶다.

채우고 비우는, 어둡고 밝은, 작고 큰
| 아르 |

intro

아르는 남궁교와 오현진이 이끄는 공간 디자인 스튜디오다. 이들은 단 하나의 가구를 디자인하는 프로젝트부터 건축물 리노베이션 프로젝트까지 크고 작은 스케일을 오가며 공간을 다루어왔으며, 다양한 주체와의 협업을 통해 작업 스펙트럼을 넓혀왔다. 아르의 손이 닿는 범위가 넓고 다양한 데에는 어떤 배경이 있는지, 이들이 추구하는 공간의 특질은 무엇인지 들어보았다.

박세미(이하 박) | 아르는 2018년 설립되긴 했지만, 실은 이전부터 각자 꾸준히 공간과 관련된 작업들을 해왔다. 두 사람의 학업, 혹은 작업 내력이 궁금하다.

식물관 ph(2021), ©노경.

오현진(이하 오) | 건축을 전공하고, 졸업 후 이시가미 준야 건축사무소에서 처음 실무를 접했다. 공부를 할 때는 건축과 실내건축을 분리해 배웠는데, 그곳에서는 공간을 보다 통합적이고 섬세하게 다뤘다. 이를테면 도시경관과 카펫을 동시에 이야기하는 셈이었다. 전체와 부분을 생각하고 부분의 부분까지 디자인하면서 공간을 다루는 데 경계가 없음을 배웠다. 그래서 한국에 돌아왔을 때 공간 디자인을 경험하고 싶어 플랏엠에 들어갔다. 그리고 다시 건축에 대한

갈증이 생겨 네임리스 건축에 들어갔다. 공간을 주제로 경계없이 다양한 경험을 쌓을 수 있었다.

남궁교(이하 남궁) | 공예와 산업디자인을 전공했다. 산업디자인과이긴 했지만 건축가가 강의하는 수업들이 있었고, 그들에게 많은 영향을 받았다. 건축에 대한 막연한 로망은 그때부터 있었다. 졸업 후 친구들과 작업실을 차려 가구를 만드는 일을 시작했다. 가구를 만들다보니 자연스럽게 공간으로 관심이 이어졌다. 우연한 계기로 건축사사무소 SAAI의 오픈데스크(사무소 내의 프로젝트에 참여하면서도, 외부 활동을 병행하는 시스템)에 지원했고, 일을 하면서 본격적으로 공간과 건축에 관련된 일을 해야겠다고 생각했다. 그러나 당시 인테리어라고 인식되던 일은 하고 싶지 않았다. 인테리어를 하고 싶은 게 아니라 플랏엠에 들어가고 싶었다. 플랏엠은 장식적인 인테리어가 아니라 '공간' 자체를 다루고 있었기 때문이다. 실제로 많은 경험을 했고 즐겁게 일했다. 그러나 동시에 얼른 독립해서 시험대 위에 서야 한다는 생각도 있었다. (웃음)

박 | 그런 이력과 경험 때문인지 가구 디자인이나 인테리어

에 국한되지 않고, 건축 스케일로 공간을 다루려는 시도들이 보인다. KL빌딩(2017)에서는 파사드 설계를 하기도 했고, 리노베이션 프로젝트였던 앤트러사이트 연희(2018)에서 기존 동선을 완전히 바꾸어 시퀀스를 새로 짜기도 했다.

오 | KL빌딩 같은 경우 대지는 열두 평 사층 규모의 건물이었다. 작은 규모였지만, 온전히 우리 둘이 공간 내외부 디자인부터 시공까지 한 첫 프로젝트다. 계단 핸드레일부터 가구, 조명, 파사드 창호까지 디자인했다.

남궁 | 손을 안 댄 곳이 없었다. 기존에 주택이었던 건물이어서 방마다 창호가 있고, 계단실에도 세로로 길게 찢어진 창호가 있었다. 창호의 소재와 비율에 따라 파사드뿐 아니라 실내의 분위기도 바꿀 수 있겠다고 생각했다. 실내에서 아연도금 철판을 주되게 사용했는데, 이 인상이 외부에서도 느껴지기를 바랐다. 아연도금 철판으로 창호의 면과 비율을 조정하면서 설계했다.

오 | 앤트러사이트 연희 또한 리모델링 프로젝트였고, 역시 내외부를 다 설계했다. 외부에서 내부로의 진입, 일층에서 이층으로 올라가는 동선, 내부에서 바라보는 풍경에 대해

많이 고민하고 논의한 프로젝트다. 옆의 스타벅스처럼 풍경은 안 보이고 사람들만 보이는 공간, 빈 자리를 애써 찾아 앉는 공간이 아니었으면 했다. 사람들이 커피를 마시며 풍경을 바라보는 평상이 있으면 좋겠다, 평상은 크고 넓어서 여유 있게 앉았다 갔으면 좋겠다고 생각했다.

남궁 | 도로를 면하고 있는 큰 창 너머로 육교, 가로수, 초등학교가 겹쳐 보이는 풍경이 좋았다. 사람들이 집 같은 편안함을 찾아 이 공간에 오는 것은 아닐 거라 생각했다. 일상에서 벗어나 비일상적인 공간을 경험할 수 있기를 바랐다. 그래서 어둡고 좁은 동선을 지나 이층에 올랐을 때 개방감과 파노라마 같은 풍경을 만날 수 있게 했다.

박 | 무신사 본사(2017)의 경우는 공사 총면적이 칠백 평이 넘는다.

남궁 | 무신사 본사는 원래 한 예술전문대학의 극장이었다. 그래서 층고가 오 미터 정도로 높았다. 클라이언트는 복층을 원했지만, 우리가 머릿속에 그려보았을 때 복잡한 공간이 될 것 같았다. 이백 명 가까이 일하는 사람들에게 개방감 있는 층고의 사무실이 좋겠다고 생각했다. 공간감, 쾌적함

에 중점을 두고 동선을 짰다. 나머지 소규모 회의실이나 작은 규모로 쪼개지는 공간들은 오히려 층고를 낮춰서 그 안에서 생활하는 사람들이 극적으로 공간감을 느낄 수 있도록 계획했다. 모든 실의 층고를 다르게 계획했다.

오 | 층고의 높낮이와 같이 고민되었던 부분이 명암이다. 사무실이 지하에 위치해 있었기 때문에 동선에 따라 마감재 색이나 조명을 밝거나 어둡게 함으로써 극적인 분위기와 개방감을 주려고 했다. 칠백 평 규모의 공간이지만 소재도 단순하게 사용했다. 반투명한 유리는 어둡거나 밝고, 높거나 낮은 극적인 공간에서 빛을 투과하는 벽체 역할을 한다.

김뉘연·전용완의 〈마침〉을 위한 가구, ⓒ김태경.

단순하지만 빛과 재료의 물성이 잘 표현되었다.

박 | 그런가 하면, 서플라이 서울 〈시팅플랜〉(2018)이라든지 김뉘연·전용완의 공연 〈마침〉(2019)에서는 일종의 창작자로서 가구를 오브제처럼 다룬다.

오 | 〈시팅플랜〉 같은 경우는 주제와 목적에 맞게 의자를 디자인했다. 앉아 있는 방식을 떠올렸을 때, 기대어 앉기도 하고 비스듬히 앉거나 눕기도 하고 엎드리기도 하는 등 자연스럽고 편안하게 앉는 모습을 생각했다. 차갑고 딱딱한 스테인리스스틸 소재지만 부드럽고 부유하는 이미지의 가구가 됐다. 우리가 생각하는 앉는 방식과 좋아하는 재료들로 만든 작업이었다. 〈마침〉에서는 김뉘연·전용완 작가의 사물, 안무, 음악을 위한 세 지침 중 사물을 위한 지침을 읽고 오브제를 만들었다. 책상과 의자라는 큰 틀은 있었지만 우리가 자유롭게 작업할 수 있도록 김뉘연·전용완 작가가 전적으로 믿고 맡겨주었다. 작년에 참여했던 김뉘연·전용완의 전시 '방'에서는 서예, 가구, 음악에 대한 지침을 기록한 글, 「방」이 있었고, 세 편의 지침 중 우리는 가구 '벽' 지침에 따라 작품을 만들었다. 보통 프로젝트에서 목적과 기능에 따라 가구를 다루었다면 〈마침〉과 〈방〉 작업은 작가의 글을

읽고 사물의 형태를 만들어내는 경험이었다.

남궁 | 모든 디자이너가 그렇겠지만, 클라이언트에 맞춰가게 되는 부분이 있다. 물론 클라이언트와 호흡이 잘 맞을 때 더 좋은 작업이 나오기도 하지만, 순수한 우리 색깔로만 작업할 수 없다. 그런데 〈마침〉과 〈방〉처럼 작가로서 프로젝트에 참여할 때는 주어진 조건과 한계가 거의 없이 작업하는 느낌이다. 이런 경우 우리가 정말 하고 싶은 이미지를 만들 수 있기 때문에 작지만 소중한 프로젝트다.

박 | 또다른 한편에서는 오설록 1979(2017), 오설록 신용산점(2017), 앤트러사이트 연희, 무신사 테라스(2019) 등 NOL이라는 이름으로 작업한 프로젝트들이 있다.

남궁 | NOL은 말 그대로 이광호 작가와 우리 둘의 이름을 딴 프로젝트 그룹이다. 협업이라기보다는 하나의 새로운 팀이다. 그런 점에서 식물관 PH(『Space(공간)』 2021년 3월호 참고)처럼 여러 주체가 참여했더라도, 내부 전체 공간 디자인 및 시공이라는 분명하게 주어진 역할을 수행하는 것과는 다르다. 이를테면 NOL로 작업한 앤트러사이트 연희의 경우 이광호 작가와 아르의 역할을 명확하게 나눌 수 없

다. 물론 서로 집중하는 영역이 있긴 하지만, 대화를 통해 서로의 생각을 쌓아 함께 공간을 만들기 때문이다. '공간에서의 포괄적 탐구'라는 목표에 의해 결성된 프로젝트 그룹인 만큼 실험적인 자세로 프로젝트에 임하려고 한다.

오 | 아르와 NOL의 작업 방식이 크게 다르다고 할 수는 없지만, 아르 단독으로 작업할 때 경험하는 것과 NOL로서 경험하는 것은 분명 다르다. 협업을 통해 서로의 공간적 스펙트럼을 넓혀가는 것 같다.

박 | 많은 프로젝트에서 제작과 시공까지 한다. 디자인과 시공은 긴밀하면서도 완전히 다른 영역이지 않은가.

오 | 맞다. 다른 영역이지만 정말 긴밀하다. 어렵지만 현장 감각은 중요하다. 시공을 하면서 현장 상황에 따라 디자인이나 디테일이 바뀌기도 하는데, 그럴 때 현장에서 대처하는 것까지가 디자이너의 몫이라고 생각한다. 디자인을 하면서 중요하게 생각하는 부분과 느슨하게 생각하는 부분이 있는데, 그에 대해서도 현장에서 컨트롤이 가능하다. 그런 점에서 가능한 한 처음부터 끝까지 우리가 하려고 한다.

남궁 | 따로 시공팀을 두어 작업할 때는 시공을 멈출 수 없다

는 게 제일 큰 어려움이다. 다시 해야 한다고 생각하더라도 공사 기간에 끌려다니느라 우리의 의도가 완전히 구현되지 못한다. 우리가 시공할 때는 클라이언트와 논의해서 시공 일정을 다시 조율하고, 좀더 깊게 고민하면서 하나하나 만들어갈 수 있다. 그러나 큰 규모의 프로젝트를 하다보면 시공팀이 들어올 수밖에 없는데, 그럴 때는 큰 틀의 시공은 맡기고, 가구와 조명 등 나머지 요소들은 우리가 다 맡아서 하려고 한다. 결국은 완성도가 다르다. 그렇기 때문에 우리와 오랫동안 호흡을 맞춰온 공장과 가구 제작자들이 소중하다.

박 | 재료, 형태, 물성 등과 같은 다양한 측면에서 아르가 좋아하는 공간 언어는 어떤 것들이 있는가?

남궁 | 그간의 프로젝트를 쭉 돌이켜보면 '빈 공간' '여지의 공간' '여유 공간'에 대해 공통적으로 고민해왔던 것 같다. 동선을 짜고 프로그램에 맞게 공간을 만들어나가면서, '어떻게 잘 비울까'에 대해 생각한다. 공간이 모두 찰 필요는 없다고 생각한다. 채워진 공간과 비워진 공간이 잘 어우러졌으면 한다.

오 | 우리가 어떤 공간을 비워두면, 사람들은 습관적으로 공간이 휑하니 식물이라도 놓아야 한다고 생각한다. (웃음) 뚜렷한 기능이나 용도 없이 비워진 공간은 시각적으로도 여유를 만들고, 일시적인 프로그램과 활동을 수용할 수도 있다.

남궁 | 반투명한 소재를 좋아하고 즐겨 쓰는데, 이는 빛과 재료, 풍경에 대한 관심이기도 하다. 그 맥락에서 니시자와 류에가 설계한 테시마 아트 뮤지엄은 내게 원초적인 경험이기도 하다.

오 | 나 역시 테시마 아트 뮤지엄에서 경험했던 감각이 생생하다. 고요함, 바람소리, 울림, 햇볕, 명암, 구름과 새, 흐릿한 벽체, 빛을 받으며 반짝거리는 소재들…… 온전히 공간과 자연을 그대로 느꼈다. 더불어 나오시마 섬에 위치한 지중 미술관 안에 클로드 모네의 '수련' 작품들이 전시된 공간도 떠오른다. 어디서 들어오는지 모를 자연광이 몽글몽글한 대리석 바닥을 비춘다. 자연적인 것과 인공적인 것이 우연히, 혹은 의도적으로 만나 발생시키는 오묘한 느낌이 오래 기억에 남는다. 남궁교가 말했듯 빛과 재료의 물성, 풍경이 우리에겐 중요한 키워드다.

박 | 현재 진행되고 있는 프로젝트는 어떤 것들이 있는가? 또 앞으로 아르는 어떤 행보를 그려나가고 싶은가?

남궁 | 아르는 현재 맹그로브 신설 프로젝트를 진행중에 있다. 맹그로브 신설은 KLO, UOR, 아르, 이 세 팀이 KUA라는 이름으로 협업하는 프로젝트로, 기존 이십층 규모의 비지니스 호텔을 세 개 층의 공용 공간, 열다섯 개 층의 장기 투숙, 두 개 층의 단기 투숙 프로그램을 갖춘 공유 주거 공간으로 변경하는 프로젝트이다. 작년 9월부터 설계를 시작해 7월 초 오픈을 앞두고 있다. 전반적인 공간 시공은 전문 시공사에 맡기고 사입 가구를 제외한 대부분의 가구를 직접 디자인 및 제작해서 납품을 진행할 예정이다. 빠듯한 예산 안에서 삼백 개 이상의 룸과 다양한 프로그램을 구성하기 위해, 전체 공간을 비롯해 객실에 들어가는 가구 하나의 제작 비용까지 허투루 쓰지 않기 위한 합리적인 디자인에 심혈을 기울이고 있다. 현재 공간 와디즈에서 여러 타입의 실 중 가장 기본이 되는 1인 컴포트룸을 팝업 전시중이다. 또 NOL로서는 국립현대미술관 과천관에서 6월 12일부터 열릴 〈놀이하는 사물: SWITCH THINGS UP〉의 전시 공

간 디자인을 작업중이다. 외부 디자이너가 국립현대미술관의 전시 공간을 디자인하는 경우가 별로 없기도 하고, 전시 공간 디자인 자체가 하나의 작품으로서 위상을 갖는 프로젝트라 재미있게 작업하고 있다.

오 | 좋은 기회들로 다양한 작업들을 해가고 있다. 모든 프로젝트마다 자연 빛이든 인공 빛이든 빛을 잘 이용하고 싶다고 늘 고민하게 된다. 빛이 닿는 사물과 조명을 잘 다루고, 만들고 싶다는 생각이 있다. 채워지고 비워지는 공간 사이에서 아름다운 것들을 만들어나가고 싶다.

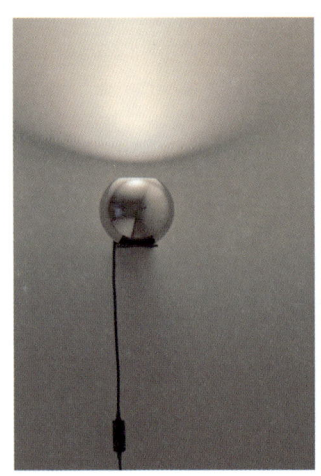

한남빌라(2020), ©노경.

파아프램(2021), ©노경.

5월 14일

시
와
시
작
노
트

빛나는 나의 돌

발밑을 지키는 것이

나의 사명입니다

돌이 빛나는 유일한 자리죠

인어가 끝내 물거품이 되어 사라진 것은

인간을 사랑해서가 아니라

자신의 발바닥으로 돌을 포기했기 때문입니다

사명을 배반합니다

내 손으로 내 돌을 깨뜨려 옆 사람을 겨냥했다가

수면제를 삼키듯 증거를 인멸하면

새까맣게 타버린 돌은 잠 속으로 들어와

주로 악몽을 짓는 데 쓰입니다

기도의 형식은
맞댄 두 손에 있는 것이 아니라
꿇어앉아 하늘을 향해 포갠 발바닥에 있습니다
거기엔 빛나는 돌이 놓여 있죠

하지만
누군가 내게 와서
서로의 발바닥을 맞댐으로 사랑에 빠지자,
말한다면 기꺼이
졸도할 것입니다
두 발바닥을 활짝 펴고서

발밑을 지키는 것이 나의 사명입니다

강가에서 햇볕에 달궈진 자갈 하나를 발밑에 두고 그 위에 오래 서 있었던 적이 있었다. 까맣고 매끄러운 돌이었다. 공교롭게 발바닥 중앙에는 약간 파인 공간이 있어 자갈 하나를 숨기기에 딱 알맞았다. 아무도 찾지 않고, 찾는다 해도 빼앗을 만한 것도 아니며, 빼앗긴다고 해도 무방할 일이었다. 그러나 이상하게도 그것을 내가 잘 지키고 있다는 어떤 안도가 들었던 것이다. 돌의 온기가 온몸을 타고 도는 것 같았다. 마치 새카맣게 타버린 누군가의 심장 같기도, 어쩌면 나도 모르게 태어난 나의 두번째 심장 같기도 한 작고 단단한 슬픔이었다. 울지는 않았지만, 내 생에 이런 돌이 하나 있다면, 세계에 내보이지 않고 내 발밑에 고이 숨겨둘 수 있는 돌 하나가 있다면, 나는 살 수도 죽을 수도 있을 것 같았다. 사람들이 대부분 견딜 수 없어 하는 것은 살 수도 죽을 수도 없는 상태다. 그러니 나를 살거나 죽게 하는 돌 하나를 잘 지키는 것이 나의 사명이라 여겼다. 손은 사회적이고 지능적이어서 돌을 다양한 방식으로 이용할 수 있기 때문에 발밑에 두는 것이 맞다.

사명을 배반합니다

신을 예배하는 자세, 유칼립투스의 어린잎, 애인이 끼워준 반지, 사랑하는 개와의 산책, 부모의 치부, 서서히 뭉뚝해지는 재능, 오래된 연필의 냄새, 미래에 보게 될 아이의 눈동자 같은 것들이 나의 돌이었다. 돌은 명확히 규정하기 어렵지만, 그래서 그 어떤 것도 돌이 될 수 있다. 하루를 품든 수 년을 품든, 종류와 크기에 상관없이 나를 살게 하거나 죽게 하는 것이면 됐다. 그러나 어느 순간 돌 하나가 정말 돌 하나에 불과해질 때가 있다. 발은 요령이 없고 포기도 쉽기 때문에, 나는 나의 사명이라고 일컫던 것들 위에서 자주 내려왔다. 때로는 손으로 집어던지고 깨뜨려 사명을 배반한 스스로를 겨냥하기도 했다. 그러나 그 누구도 어떤 사명을 내게 강요한 적 없다는 것을 알고 있다. 하지 말아야 할 일은 있어도 꼭 해야 하는 일은 없다.

서로의 발바닥을 맞댐으로 사랑에 빠지자

그러니 사명은 스스로 몰래 가두어둔 사랑일지도 모른다. 하여 이 시의 마지막에서 나는 사명이라는 명목에서 벗어난 사랑을 하기 위하여 졸도를 선택했다. 졸도는 견디기 힘든 상황을 모면하고자 하는 육체의 최후 방책일지도 모르지만, 살아 있지도 죽어 있지도 않은 상태를 견디는 것, 돌을 숨겨두었던 두 발을 활짝 펴고 쓰러지는 행위에는 결심이 필요하다. 그러나 기꺼이 서로의 발바닥을 맞대고 나면, 아마 또다시 살 수도 죽을 수도 있지 않을까.

5월 15일

에
세
이

내 시의 첫 스승은 김행숙 시인이다. 선생님을 만나서 시를 쓰게 되었고, 시쓰기를 사랑하게 되었다. 스승의날 떠올릴 수 있는 존재가 있다는 것은, 더욱이 시의 시작을 떠올릴 수 있다는 것은 행운이다. 선생님 첫 시집에 있는 「미완성 교향악」을 빌려 썼던 글(웹진 『춤:in』에 발표)이 있다.

미완성 교향곡

"건물 골조가 끝났을 때의 현장에서 제일 기분이 좋다"는 말을 건축가들에게 종종 듣는다. 건물이 완성된 상태는 아니지만 이차원의 도면이 삼차원의 공간으로 모습을 드러내는 순간이며, 수많은 기능과 장식이 입혀지기 전으로 공간감만 고스란히 느낄 수 있는 단계이기 때문일 것이다. 그렇다면 비로소 건축이 완성되는 시점은 언제일까? 어떤 건축가에겐 골조만 지어진 현장일 수도, 어떤 건축가에겐 모든 공사가 끝난 완공일 수도, 어떤 건축가에겐 최종 납품서일 수도 있겠다. 하지만 건축을 하나의 예술작품으로서 물리적인 완결 형태를 갖는 것이 아니라 사람과 사회와 시간과 관계맺으며 살아가는 유기체로 본다면, 어쩌면 건축은 완성을 향해가는 영원한 미완성의 존재일 수도 있겠다.

춤에 대해서도 같은 질문을 해볼 수 있을 것이다. 춤의 완성은 어디에 있을까? 한 동작 한 동작에 있다고 할 수도, 마지막 포즈에 있다고 할 수도, 관객의 박수에 있다고 할 수도 있을 것이다. 고정되고 정지한 것처럼 보이는 건축물이 그 안에서 흐르는 빛과 바람, 사람으로 생명을 얻는다면, 움직임과 흐름으로 존재하는 것처럼 보이는 춤은 사실 완성된 수많은 순간이 바로 직전의 몸짓을 지우면서 탄생한 것은 아닐까?

여기 하나의 시가 있다. 김행숙 시인의 「미완성의 교향악」이라는 시다. 건축가도 아니고 무용수도 아닌 나로서는 건축과 시 어느 한쪽의 완성도 몸소 실천하기는 어렵지만 이 시가 매개가 되어줄 것이다.

    소풍 가서 보여줄게
    그냥 건들거려도 좋아
    네가 좋아

상쾌하지

미친 듯이 창문들이 열려 있는 건물이야

계단이 공중에서 끊어지지

건물이 웃지

네가 좋아

포르르 새똥이 자주 떨어지지

자주 남자애들이 싸우러 오지

불을 피운 자국이 있지

2층이 없지

자의식이 없지

홀에 우리는 보자기를 깔고

음식냄새를 풍길 거야

소풍 가서 보여줄게

건물이 웃었어

뒷문으로 나가볼래?

나랑 함께 없어져볼래?

음악처럼

—김행숙, 「미완성 교향악」, 『사춘기』, 문학과지성사,
2003.

"소풍 가서 보여줄게/그냥 건들거려도 좋아/네가 좋아"라고 말하는 화자. 솔직하고 단순하게 말하는, 그만큼 명쾌한 화자는 아마도 공사가 잠시 중단된 건물 같다. "미친 듯이 창문들이 열려 있는 건물"은 사람이 사는 건물이 아니고, "계단이 공중에서 끊어"져 있으니 높아지는 중이고, "포르르 새똥이 자주 떨어"진다고 하니 아직 천장이 없고, "남자애들이 싸우러 오"는 "불을 피운 자국이 있"는 건물. 그래서 내외부조차 명확하지 않은, 일층만 있고 아직 이층이 없는 건물은 "자의식이 없"다. 그런데 이 철저히 미완성된 것으로 보이는 건물에서 화자는 "보자기를 깔고//음식냄새를 풍길 거"라며 "건물이 웃"는다고 말한다. 두 번이나 말한다. 아직 채 지어지지도 않은 건물이 웃는다니, 눈코입이 없는 건물이 웃는다니 참 이상한 이야기지만, 공간 안에서 흐르는 감정을 누구나 경험해보았을 것이다. 그것은 공간 안에 있는 바로 자신의 감정이기도 하다.

"건들거"리는 몸짓으로 시작하는 이 시의 전반적인 리듬과 분위기는 춤처럼 연속적이고 유동적이다. 창문이 미친 듯이 열려 있다든지, 새똥이 떨어진다든지, 남자애들이 싸우러 온다든지, 불을 피운다든지, 보자기를 깐다든지, 음식 냄새가 풍긴다든지 하는 이미지는 아래로 옆으로 위로 펄럭펄럭거리며 움직임을 만든다. 그리고 마지막 연에서는 마치 바로 직전의 몸짓을 지우고 탄생하는 춤처럼 "뒷문으로 나가볼래?/나랑 함께 없어져볼래?"라고 청유한다.

슈베르트의 8번 교향곡은 미완성 교향곡이다. 네 악장을 갖추어야 할 교향곡이 두 악장만 완성되어 있다. 하지만 슈베르트의 교향곡 중 가장 많이 연주되는 곡이라고 한다. 스물다섯 살에 쓰기 시작한 곡이고 9번 교향곡은 완성한 것으로 볼 때, "형식에서는 미완성일지 몰라도 내용으로는 미완성된 작품이 아니다"라는 브람스의 말처럼 슈베르트에게 8번 교향곡은 미완성으로서 완성된 작품이었을까? 우리에게 그 곡은 우리가 영원히 완성해가는 '미완성 교향곡'이 아닐까?

쌓인 질문 위에서, 미완성과 완성의 정의 사이에서, 건축과 춤의 아름다움을 본다. 물리적 공간 안에 무언가 흐르면서 완성되어가는 건축의 아름다움. 완성된 매 순간의 모습을 남기지 않고 사라져버리는 춤의 아름다움.

5월 16일

시

각자의 것은 각자가

   당신은 알고 있었겠지
   내가 방안에서 내 두 안구를 얼마나 깊은 물에 오랫동안
끓여왔는지를
   소파에 누워 티비를 보던 당신에게
   졸여진 눈알 하나를 들고 다가갈 때
   당신은 돌아누웠고
   물렁한 것들이 순식간에 딱딱해졌어

   당신을 알고 있었을 거야
   그것을 내가 당신에게 건네려고 했다는 사실을

   전에 내가 당신에게 외쳤던 말을 떠올리지 않을 수 없었어

각자의 양식은 각자가!

각자의 뿔은 각자가!

각자의 존엄은 각자가!

나는 알고 있었을 거야

그 외침이 나에게 되돌아왔다는 사실을

나의 눈깔을 끼워넣을 구멍이 당신에게 남아 있지 않다는 사실을

쪼그라든 눈알을 들고 골목을 배회하는 중이야

뼈의 동그란 구멍으로 찬 바람이 통과하고

눈 위로 눈이 내리네

이대로 얼어버리면 좋겠어

아침이 오면 물이 되어 당신의 맨발을 적실 수 있을까

생각하다가

잘 세공된 정 하나와 망치를 사들고 방으로 복귀하고 있어

감행할 수 있을까

각자의 구멍 말고 다른 구멍을 내는 일

5월 17일

에
세
이

창문이 주는 여지

 집에 대한 나의 기억은 대개 창문을 통해 구성된다. 그것은 관념으로서가 아니라 분명한 실체로서 당당히 기억을 불러들인다. 아무리 내부 공간이 똑같은 집이라도 창문이 뚫리는 순간 그 어떤 집도 같을 수 없다. 빛은 한곳에서 오며 모두를 공평하게 비추는 것 같지만, 창문의 허락 없이 공간의 내부로 들어갈 수는 없으며 창문을 통과하면서 유일한 각도와 크기와 모양을 갖게 되기 때문이다. 또한 창문은 우리의 시선을 막아서지 않음으로써 바깥 풍경을 내부로 끌어들인다. 창문이 들이쉬고 내쉬는 빛과 풍경으로 집은 호흡한다.

 이사를 많이 했다는 것은 그만큼 많은 창문을 경험했다

는 뜻이기도 하다. 젊은 나의 부모가 인생의 황금기(정확히는 경제적 풍요기)를 걸을 때 나는 아주 큰 창문 앞에서 일주일에 두 번씩 피아노 레슨을 받았다. 정원이 있고 높은 담이 있었지만, 피아노 선생님이 가시고 나면 나는 커튼을 모두 쳤다. 큰 집에 혼자 덩그러니 남아 있는 느낌이 통창 너머로 쉽게 확장되는 것이 싫었고 어두운 곳에서 몰래 해야 하는 일들이 많았기 때문이다. 집이 망하는 것은 하루아침이었다. 아빠는 키우던 난을 모두 팔아 없앴고, 엄마는 내게 여기에 있는 어떤 것도 가져갈 수 없다고 했다. 우리 네 식구는 작은 신발가게에 딸린 더 작은 단칸방에 입주하게 됐다. 그곳에는 손바닥만한 작은 창문이 하나 있었는데 상가 뒤쪽 주택의 마당을 향해 있었다. 우리집 마당은 아니었지만, 그래서 결코 한 발자국도 들여놓을 수 없는 곳이었지만, 기척이 들리면 황급히 창문을 닫아야 했지만, 나는 마치 비밀 공간처럼 그곳을 바라보며 기분이 좋았다. 일 년이 채 지나지 않아 우리집은 반지하 방으로 승격되었다. 신발가게에서 살 때는 상가 공용 화장실을 이용해야 했지만, 이제 단독으로 사용할 수 있는 화장실이 있다는 점이 좋았다. 건물과 담 사이에 임시로 지어진 화장실에 가려면 두 가지 방법이 있었다. 현관문을 나가 계단을 올라가 건물 현관문을 통과해 건물 끝에 있는 또하나의 작은 철문을 열고 들어가는 방법, 그리고 방에서 바로 창문으로 나가는 방법이 있었다. 아빠는 사다리를 만들어주었다. 하루에도 몇 번씩 사다리를 타고 창문에 몸을 구겨 넣어 화장실을 갔다. 창문을 통과하는 것은 빛과 풍경만이 아니었던 것이다. 생리 현상에 복종하려는 인간의 몸만을 허락하는 창문이었다.

미래의 어떤 날, 지금 살고 있는 집의 오후 네시를 기억할 것이다. 대낮의 부릅뜬 백색의 빛이 아니라 살짝 감긴 황금빛이 창문으로부터 툭 터져들어오는 이 집의 시간. 물론 평일 그 시간 나는 회사에 있지만 나의 개가 대신 그 빛을 누리기를, 주말엔 함께 창문이 불어넣은 집의 호흡 가운데 누워 있기를 바란다. 그리고 눈을 감고 앞으로 내가 열게 될 창문들의 가능성을 상상해보는 것이다.

5월 18일

시

비극의 위치

당신은 어떤 방식으로 움직입니까

태풍처럼 포물선을 그리며 휘돕니까

숲속 오후 기분 좋은 토끼처럼 뛰어다닙니까

아니면 언제나 눈꺼풀처럼 깜박입니까

당신이 내게 다다르는 경로를 짐작하지 못하므로

이불을 펄럭이고

형광등을 켜고

노트를 펴고

꾸벅꾸벅 좁니다

손에 든 펜이

당신의 좌표를 점치는 동안

오늘은 먼지를 잔뜩 마셨습니다

먼지의 성분을 헤아려보면서……

당신이 포함되었다는

폐에 파고든 당신을 영원히 배출할 수 없다는

확신 속에서……

깨끗하게 씻긴 폐를 양 날개 삼아 날아오르는

꿈을 꿉니다

돌연

날개가 거침없이 부풀어오를 때

나는 당신과 동시에

터지길 바랍니다

5월 19일

에
세
이

춤이 아닌 것으로 춤을 불러보는 시들

내게 다음 생이 주어진다면, 춤을 추는 자로 살아보고 싶다고 생각한 적이 있다. 시인 김수영은 말했다. '시를 쓴다는 것은 머리로 하는 것이 아니고 심장으로 하는 것도 아니고 몸으로 하는 것이다. 온몸으로 밀고 나가는 것이다'라고. 하지만 이어 '—나의 모호성을 용서해준다면—' 하고 부언하고 있는 만큼, 이에 대한 설명을 충분히 하고 있지는 않다. 나 또한 시를 쓰면서 온몸을 쓰고(사용하고) 있다는 확신에 사로잡히곤 하지만, 그것을 과학적으로는 증명할 수 없다. 그에 비해 춤은 그 자체로 '온몸'이다. 그런데 오히려 춤에 대해서는 몸의 미학 너머로 몸에 깃든 정신, 이를테면 영혼의 펄럭임 같은 것을 마주하게 된다. 이 역시 달리 설명할 능력이 내게는 없다.

온몸으로 시를 쓴다는 것이 무엇인지, 영혼이 깃든 춤을 추다는 것이 무엇인지, 시와 춤이 공유하고 있는 본질이 무엇인지에 대해 말하는 것은 실패했으므로, 내가 고작 할 수 있는 일은 사랑하는 시인들의 시 속에서 춤을 찾는 일뿐이었다. 시 안에서 춤은 무엇이라 불리고, 무엇을 춤이라고 부르고 있을까.

어쨌든 이러한 호명의 방식을 우리는 '은유'라 부르기도 한다. 우리는 학창시절에 이미 은유에 대해 'A(원관념)는 B(보조관념)다' '원관념과 보조관념을 동일시하여 대상을 설명하거나 묘사하는 표현법'이라고 배웠겠지만, 사실 시에서는 단순한 수사법 이상의 지위를 갖고 있다. 하나의 세계를 규명해내는 방식이기 때문이다. 아리스토텔레스가 『시학』에서 내린 정의에 따르면 은유란 '어떤 사물에다 다른 사물에 속하는 이름을 전용하는 것'이다. 그러니까 어떤 것을 다른 것으로 불러보는 것이다. 춤이 아닌 것으로 춤을 불러보는 시, 춤이 아닌 것을 춤이라 부르는 시들이 있다.

성동혁 시인의 시 「붉은 광장」에서는 "매섭고 얕은 발자국을 피해 다니는 것"을 춤이라고 칭한다. 그리고 사랑에 대해 말한다. 요란한 사랑은 너무나도 조용하게 사라지니 매섭고, 쉽게 우는 사람은 쉽게 슬픔을 잊으니 얕다. 그 매섭고 얕음을 피하려니 처음엔 폴짝거렸을 것이고, 피해갈 발자국이 많을수록 조금 더 높고 멀리 껑충 뛰어야 했을 것이다. 그 모습을 춤이라 부른다면, 그 슬픔, 조금은 반짝일 수 있을까. 반짝이는 것은 깊다. 밤하늘에 별이 송곳처럼 박혀 있듯.

최현우 시인의 시 「발레리나」에는 반짝거리는 맨발이 또하나 있다. 「발레리나」의 화자가 처음 본 것은 당신의 부서지는 발목이었고, 잠든 당신이 몰래 내민 발이었다. 우리는 발목에서 가여움을 본다. 특히 춤을 추는 발목에서 슬픔을 본다. 동시에 발롱, 더 높게 발롱하는 맨발에서 아름다움을 본다. 한번의 착지를 위해 수많은 추락을 했을 당신의 온몸, 그 온몸의 수많은 추락을 견디는 발. 시인은 이렇게 당신이 넘어졌다 일어나는 몸짓을 최초의 춤이라 명명한다.

이원 시인의 시 「거울의 춤」을 재밌게 읽는 많은 방법 가운데 하나는, 주체, 방향, 움직임, 이 세 가지에 주목하는 것이다. 그리고 이 세 가지가 교차되는 장면을 바라보는 것이다. 마치 춤을 감상하듯이. 여기서 주체는 나비와 낙타와 인간 그리고 나다. 방향에는 봄의 방향과 사막의 방향과 허공의 방향, 그리고 거울의 방향이 있다. 그렇게 주인공들은 어떤 방향으로 날아오고 걸어가고 번지고 뛰어간다. 이 시에서 춤은 생명이고 심장이고 본질이다. 봄의 심장(춤)은 나비에게 있고, 사막의 생명(춤)은 낙타에게 있으며, 인간의 본질(춤)은 허공에 있는 것이다. 하여 거울에 비친 허상의 정확함(춤)은 나다. 누군가 어디론가 움직이고 어느 순간 스스로 방향이 되니, 그가 가는 곳마다 자신이 춤이 된다.

마지막에 선 자의 몸

자백해, 모든 밤마다
이번에도 어쩔 수 없었니?

진술서를 적어두고

도망가자

검정 거울 위에서

빙그르르 돌면

한 마리는 도망가고

거울 속 돼지들은 남는다

돌돌 말린, 서로의 꼬리를 물고

박자를 맞추어 돈다

끊임없이 원을 그리며

사형선고를 받은 돼지는

마지막 똥을 누고 달린다

아무도 뒤쫓아오지 않는데

심장박동처럼

완벽하게 규칙적이고 멈추지 않는 것

악수하고 싶지 않아

평행선 같은 거니까

용서는 필요없습니다

나는 원래 깨끗한 동물입니다

자신의 배꼽을 마주볼 때

몸서리칠 때가 있다

스스로에 대하여

가장 가까운 곳, 진흙탕을 뒹군다

—졸시, 「춤추는 돼지」 전문

 부끄럽게도 이 시는 내가 썼다. 이 시는 이런 순간에 쓰였다. 스스로가 스스로에게 진저리를 치는 순간에, 자신도 자신을 용서하지 못하는 순간에, 끝내 나에게 사형선고를 내리던 순간에. 그 마지막 순간에 왜 춤을 추는 돼지들이 내 앞에 나타났을까. 아니 왜 돼지들은 춤을 춘 것일까. 죽음을 목전에 두고. 돼지들은 무서웠을까. 최대치에 이른 공포를 규칙적인 박자 안에 숨기고 싶었을까. 아니면 지나온 자신의 생에 대한 찬사였을까. 죽음 앞에서 춘 춤은 그들에게 온전한 해방이 되었을까.

이 글은 춤의 많은 속성을 놓치고 있다. 하지만 시 안에서 호명되고 있는 춤의 다른 이름들과 춤이라 불리는 어떤 존재들을 통해 춤의 구체적인 질감을 만져볼 수 있기를 바랐다. 개념적이고 관념적인 언어가 아니라, 아주 구체적이고 감각적인 언어를 사용함으로 다시금 보편성에 이르는 것이 문학의 신비함이기도 하다. 이렇게 쓰고 보니, 아직 내가 알지 못하는 시들 속에 박혀 빛나고 있을, 춤이라 호명되는 수많은 편린이 더 궁금해진다.

5월 20일

시

밀푀유

부드러운 첫 장을 걷어내니, 이런 문장이 쓰여 있었다

천 장에 한 장만이 당신을 살립니다.

손이 떨려서 다음 장을 걷어내지 못하고 몇 년이 흘렀다
빠르게 늙고 있었기 때문에 조바심이 났다
두 장, 세 장, 일곱 장,
열한 장, 스무 장……
나의 손은 다급했고
얇게 겹쳐진 평면들은 구겨지고 찢겨 날아간다

도대체 나를 살릴 한 장은 어디에……

밥을 챙겨 먹고 개와 함께 산책을 나섰다
개는 코로 곳곳의 풀잎을 다 들추고 다닌다
그러다 어느 장에서, 아, 아니
어느 곳에서 오래 머물며 냄새를 맡는다

집에 돌아와 개의 발을 씻기고 헝겊으로 꾹꾹 눌러 말려주었다
개는 집 한켠에 수북이 쌓인 수백 장의 무덤에 가
킁킁거린다

그렇게 십수 년이 또 흘렀다
개는 이제 내 곁에 없다

몇 장 남지 않은 무덤을 걷어낸다 천천히
그러다 방금 걷어낸 한 장을 다시 덮어보니
나를 비추는 평면이다

5월 21일

에
세
이

알의 기원

현관―한 칸의 시간

나는 자주 현관에서 드라마를 찍었다. 시험 답안지를 밀려 쓰고 와서, 애인과 헤어지고 돌아와서, 공식적인 자리에서 말실수를 하고 와서, 즐거운 술자리를 갖고 돌아와서…… 그러니까 뭔가를 그르치거나 뭔가에 상처받거나 긴장해 있다가, 혹은 아무런 이유도 없이 집 현관에 발을 들여놓음과 동시에 속절없이 무너지는 장면. 묘사를 해보자면 이렇다.

현관문이 서서히 닫히며 나를 집으로 밀어넣는다. (이 순간을 위해 현관문은 무겁게 만들어졌다.) 탁, 하고 문이 닫히면, 나는 스르륵 주저앉는다. 센서등이 꺼질 때 나도 함께 꺼진다. 고개를 푹 숙이고 적막 속에서 잠시…… 있다. 몸이 가늘게 떨린다. 하루종일 내 안에서 부어오른 꼬리가 툭 튀어나온다. 밖에서 미처 내뱉지 못한 말들은 처분되지 않고 꼬리 끝에서 뾰족해진다. 커다란 꼬리를 천천히 뜯어낸다.

  이 장면은 얼핏 드라마를 위한 것처럼 보인다. 그러나 어떤 순간 바깥의 진실이 무자비하게 우리의 무릎을 꿇리지 않나? 타인의 손에 들려 있던 칼이 내 손에도 들려 있음을 알게 될 때, 도시에 우후죽순 자라나는 빌딩들이 현대의 피노키오 코임을 알게 될 때, 우정과 사랑이 날씨예보처럼 뒤통수를 치곤 할 때 말이다. 인간이 사회적 동물이 아니라는 증거가 지천에 가시밭길처럼 깔려 있을 때 말이다. 그럴 때 우리는 몹시 곤한 육체와 공허한 마음이 되어 현관문을 무겁게 열게 되는 것이다. 집안으로 채 들어가기도 전에 맥이 탁 풀려 주저앉게 되는 것이다. 하지만 인간의 마음이란 건 기계 같은 면이 있어서, 바닥을 짚고 나면 일상으로 복귀하여 돌아가도록 설계되었다.

일어선다. 신발을 벗고, 가방을 내려놓고, 씻고 나와 콧노래를 부르며 저녁을 준비한다. 티비를 보며 밥을 먹다가, 친구와 깔깔거리며 통화하다가 별안간 불 꺼진 현관을 바라본다. 보이지 않지만 꼬리는 분명히 살아 있다. 신속하게 잠에 든다.

불가능한 꿈처럼, 오늘도 내 앞을 가로막는 현관문. 나는 신발을 신고도 어제의 꼬리를 달래느라 오랫동안 문을 열지 못하고 있다. 아랫집에서, 옆집에서, 그리고 먼 집에서 현관문 열고 닫는 소리가 난다.

서로 다른 시간의 낙차 사이에서, 밀도가 다른 감정으로 굴절되는 순간, 그리고 때론 매우 기계적인 일상 자체도 시의 씨앗이 될 수 있다면, 현관은 씨를 파종하기 좋은 한 칸이다. 집을 나가고 들어오기 위해서는 반드시 거쳐야 하는 관문에서, 신발을 신고 벗으며 빠르게 지나치는 통로에서, 나는 가끔 정거한다. 신발처럼 쌓인 꼬리더미에서 아직 살아 있는 것을 골라낸다. 이미 뿌리처럼 보인다.

발코니—한 척의 범선

 오르한 파묵의 많은 소설집을 뒤로하고 2018년 그가 낸 사진집 『BALKON』을 언급해야겠다. 이 사진집에는 그가 아파트 발코니에서 찍은 이스탄불의 풍경이 담겨 있는데, 이 책의 놀라움은 아름다운 오백여 장의 풍경에 있지 않다. 솔직히 말해서 내 눈에는 다 비슷비슷해 보이다못해 약간 지루하기까지 했다. 나는 이 사진집을 받아들이기 위해서 영어로 된 서문을 읽기 시작했다. 그는 2012년 12월부터 2013년 4월까지 발코니에서 팔천오백여 장의 사진을 찍었고, 사진을 전문적인 작품으로서가 아니라 기록으로서 다루었다고 했다. 그리고 점점 더 긴박한 마음으로 이 순간을 놓치지 않아야겠다고 생각했으며, 그것은 자신의 마음 상태, 혹은 기분과 연관되어 있다는 것을 깨달았다고 한다. 그런 까닭에 사진의 대상이 아닌 자신이 서 있던 공간이 책의 제목이 되었을 것이다. 그가 발코니에서 오 개월 동안 집착적으로 포획하려 했던 것은 무엇일까?

 파묵만큼은 아니지만, 나 또한 발코니*가 제공하는 어떤 심상에 사로잡혔던 적이 있다. 어린 시절 우리집 발코니는 조금 특별했다. 전적으로 아빠의 손으로 조성된 아빠의 발코니였다. 아빠는 난 수집가였다. 내 눈에는 똑같이 생긴 풀떼기 집단에 불과했지만, 저마다 다른 이름표를 달고 있었고, 화분의 화려함 정도나 아빠가 분촉을 얼마나 조심스럽게 하는지에 따라 풀떼기 사이에도 마치 계급이 있어 보였다. 또 아빠는 커다란 돌 수반에 여러 수중생물을 키웠다. 돌 수반은 꽤 그럴싸했다. 높이가 다른 두 폭포가 양쪽에서 흐르고, 물레방아가 돌며, 옆에는 초가집이, 또 그 옆에는 풍란이 심어져 있었다. 하나의 작은 세계를 이루고 있었다. 어항에는 작게 피어오르는 분수 아래로 물고기들과 가재, 자라, 우렁이, 다슬기와 같은 각종 수중생물이 살았다. 모두 아빠가 직접 채집해온 것들이었다. 1997년 IMF 경제 위기 때 가게에 딸린 셋방으로 이사를 가게 되면서 신기루처럼 사라진 발코니가 십 년 만에 다시 나타났을 때, 아빠는 다시 돌 수반을 가져다놓았다. 나는 "어릴 적에 있었

---

* 건축법에 명시된 발코니의 정의는 건축물의 내부와 외부를 연결하는 완충공간으로서 전망이나 휴식 등의 목적으로 건축물 외벽에 접하여 부가적으로 설치되는 공간이다. 원래 외부로 돌출된 개방된 공간을 의미하지만, 최근 아파트의 발코니는 새시가 설치되고, 내부 공간의 연장으로 사용되면서, 명확한 정의를 내리기 어렵다. 하지만 자주 혼동되어 쓰이는 베란다의 경우, 건축물의 상층이 하층보다 작게 건축되어 남는 아래층의 지붕 부분을 의미하므로, 이 글에서는 발코니라 칭한다.

던 것보다 훨씬 작네"라고 말했고, 아빠는 "네가 커서 그런 거야"라고 했지만, 무엇이 진실인지 아직도 모르겠다. 어쨌든 나에게 발코니가 다시 허락된 것은 시를 쓰기 시작할 무렵이었고, 이상하게 나는 그곳에서 아득한 시간을 보내곤 했다. 나는 어쩐지 발코니가 안에도 속하지 않고 밖에도 속하지 않은 채, 안과 밖의 자장에서 벗어난 무중력의 공간처럼 느껴졌다.

이탈리아의 근대 건축가인 지오 폰티는 『건축예찬』에서 발코니를 '한 척의 범선'에 비유했다. "건물의 정면에 정박해 있는 작은 배"라며, "언제라도 항해를 떠날 수 있다"고 했다. 지오 폰티의 말은 건물의 외벽에 부가적으로 매달려 있는 (겉으로 그렇게 보이지 않을지라도) 발코니의 구조적 특성, 외부와 내부 사이에서 매개체 역할을 하는 공간적 특성, 그리고 채광, 환기, 가사업무공간 등의 실질적 기능뿐 아니라 화초 재배, 휴식, 조망 등 정서적 기능을 수행하는 특성에 기인하면서, 발코니의 공간적 감각을 무한히 확대시킨다.

나는 실내의 아늑한 공기에서 벗어나 창 너머로 나뭇가지를 흔드는 바람을 보고, 수조에 비친 선명한 얼굴에서 두 눈알을 뽑아다 밤의 창 너머 희미한 얼굴에 붙여주면서, 낮에 들어오는 햇살로부터 갓 탄생한 먼지에 가위를 들이대면서, 돌 밑에 숨어 있는 물고기들의 언어를 탐색하면서, 나는 돛을 펼치고 자유롭게 길을 잃었다. 그런 내 뒷모습을 보면서 엄마는 '똘녀(또라이 여인) 또 시작이네'라고 말하곤 했다.

욕실—피부로서 존재하기

내가 욕실에 어떤 물건들을 가지고 들어갔는지 공개하자니, 머뭇거려진다. 욕실은 더럽고 깨끗하며, 미끄럽고 은밀한 곳이라 이곳에서 해왔던 일을 밝히는 것은 어쩐지 내 치부를 들키는 느낌이다. 욕실에서 왜 별짓거리를 하게 될까? 어쩌면 욕실은 개인의 방보다 더 사적이고, 더 보호받고, 심지어 명분도 명확하다. 내가 마감을 한답시고 방해하지 말라 아무리 엄포를 놓아봤자, 내 방문은 가족들에 의해 벌컥벌컥 잘도 열리지만, 욕실 문은 웬만한 큰일이 나지 않고서는 잘 열리지 않는다.

여느 사람들처럼 나도 욕실에서 음악을 듣곤 한다. 변기 뚜껑을 덮으면 변기는 핸드폰, 라디오, 노트북 등을 올려둘 수 있는 탁자가 되고, 나는 그곳에 최대한 물을 튀지 않으려 노력한다. 게다가 수증기를 머금고 먹먹하게 울리는 음악 소리는 심리적으로 사람과 공간을 독립시키곤 한다. (물론 혼자 심취해 노래를 흥얼거리는 걸 외부에서 듣고 있자면, 매우 일방적인 독립일 뿐인 것 같지만.)

 욕실의 꽃은 욕조다. 나는 욕조가 없는 집으로 이사를 갈 때 심각한 박탈감을 느낀다. 욕조가 있는 집으로 갈 때면, 아 살 만해졌구나, 생각하고 욕조가 없는 집으로 갈 때면, 불행의 시간이 왔다고 느꼈다. 위생 문제로 지금은 하지 않지만, 욕조가 없었던 집에 살 때는 화장실 배수구를 수건과 비닐로 틀어막고 타일 바닥에 물을 받았던 적도 있다. 물은 겨우 화장실 문턱을 넘지 않을 정도로 채울 수밖에 없는데, 타일 바닥에 발을 쭉 펴고 앉으면 허벅지 정도는 담글 수 있었고, 물이 다 식을 때까지 첨벙거리곤 했다. 그만큼 욕조는 내게 정신적 풍요로움을 제공하는 공간이었다. 따뜻한 물속에 몸을 담그고 있으면, 나의 본래와 순수한 용기 같은 것을 마주하는 기분이다. 그리고 무엇보다 재미있다.

나는 자주, 목욕을 하며 먹는다. 식사를 제대로 차려 먹는다. 된장찌개도 먹고 볶음밥도 먹고 토스트도 먹고 사과도 먹고 라면에 김치도 먹는다. 숟가락과 젓가락으로 먹기도 하고, 가끔 그냥 젖은 손으로도 먹는다. 욕조에 라면 국물을 흘리거나 조각이 떠다녀도 별로 아랑곳하지 않는다. 더럽기는커녕 면 조각이 둥둥 떠다니는 걸 보면 내가 라면이 된 것 같고 라면이 내가 된 것 같고 즐거울 뿐이다. 어차피 씻을 거다. 음식을 흘리지 않아야 하고 도구를 이용해야 하고 깨끗하게 먹어야 하는 욕실 밖의 규범으로부터 나는 자유롭다.

상반되는 모습이긴 하지만 욕조에 앉아 책도 많이 읽는다. 욕조에서 읽어야 제맛인 책이 있다. 수많은 책이 있지만 그중에 가장 많이 들고 들어간 책은 장 폴 사르트르의 『벽』이다. 뜨거운, 그러니까 시원한 물속에서 사르트르의 묘사를 읽고 있자면 인물들의 실존이, 나의 실존이 물을 타고 흘러들어 나를 감전사시키는 것만 같다. 모르긴 몰라도 수십 번은 들고 들어갔지만 책을 물에 빠트린 적은 없다. 다만 책장을 넘기는 내 손가락 크기만큼 젖고 마르고를 반복한 책은 기괴한 형태가 되어가고 있다.

 술도 마신다. 가끔. 드라마 주인공처럼 거품 가득한 욕조에서 와인잔을 우아하게 들고 있는 건 아니고, 안전한 플라스틱 컵에 독주를 조금 담아 홀짝거리는 정도다. 나는 욕실에서 느낄 수 있는 온도 차가 좋다. 이를테면 하반신은 따뜻한 물속에 있지만, 상반신은 차가운 타일에 기대고 있는 느낌, 땀이 날 정도로 데워진 몸을 일으켜 차가운 거울에 손바닥을 댈 때의 느낌, 수증기 속에서 세신을 마치고 차가운 물로 발을 씻는 느낌을 좋아하는데, 술을 한 모금 마시면 그 온도 차가 더 극명하게 느껴진다. (술을 마셨으므로 입증된 사실은 아니다.)

 나는 시가 잘 써지지 않을 때 목욕을 한다. 씻기 위한 행위로서의 목욕보다는 담그기 위한 목욕이다. 물속에 몸을 담그고 있다보면 공기 중에 몸을 담그고 있을 때와는 다른 상태가 된다. 나라는 존재를 감싸며 세계와 나를 경계 지어주는 피부가 평소와는 다른 물질에 노출되면서, 완전히 다른 감각을 갖게 되는 것이다. "만진다는 것은 우리가 세계와 우리 자신의 경험을 통합하는 감각 방식이다. 심지어 시각적 지각조차도 촉감으로 구성된 자아의 연속체 속으로 녹아들어가 통합된다. 나의 몸은 내가 현재 누구인지, 어떤 방식으로 이 세계에 위치하고 있는지를 기억하고 있다"고 핀란드 건축가 유하니 팔라스마가 『건축과 감각』에서 말했다. 나는 욕조에 몸을 담그고, 눈을 감고, 내 몸의 온도와 무게를 느끼면서 온전히 촉각의 세계로 진입한다. 등단작인 「알」은 욕조의 감각으로 쓰였다. "최초의 기분은 여기에 있지/출렁인다/다리 하나가 기어나간다".

5월 22일

시

돌과 이끼

아름다운 것에는 두 가지 조건이 있다고 한다.

첫째, 나와 무관할 것.
둘째, 구체적인 형상일 것.

그런데 여기에는 늘 두 가지 질문이 따른다고 한다.

첫째, 무관함은 어떻게 증명하지?
둘째, 구체적인 형상이 아닌 것은 어떻게 증명하지?

다행히도 나에게 두 개의 표본이 주어진다.
돌과 이끼.

……

나는 언제나 그것을 바라볼 수 있지만,
그 둘의 관계에 절대 끼어들 수가 없고,
하지만 무엇을 증명하지 않아도
알게 되는 것들이 있다고.

5월 23일

편
지

SNS로 어느 날 meeyoungkimstudio라는 아이디를 가진 사람에게서 메세지가 왔다. 그 계정을 들어가보니 미술계에서 한창 주목하고 있는 젊은 화가인 듯했고, 얼굴을 보니 내가 아는 사람이었다. 오래전 교회 대학부에서 오며가며 보았던 김미영 언니였다. 십칠 년 만에 만난 자리에서 언니는 곧 있을 개인전에 내가 서문 격의 글을 써줬으면 한다고 했다. 언니의 작업실에 가서 작품 설명도 듣고 옛날이야기도 나눴다. 작년 5월 23일 언니의 개인전 〈Momentum〉이 열렸고, 전시장 입구와 도록에 이 글이 실렸다. 시를 쓰고 있으니 어떤 끊어졌던 인연이 귀하게 다시 연결되기도 한다.

김미영, 〈Sundance〉, 2022, 캔버스에 유채, 91×116.8cm.

성실한 손이 형성한 고요한 끓어오름

"유학 시절이었어요. 어떤 무력감에 사로잡혀 누워 있었죠. 그러곤 눈을 감고 상상했어요. 욕조 안에 레몬을 가득 담고 손으로 물을 휘휘 저으며 그것들을 씻는 상상을요. 그 장면으로부터 나온 그림이 〈Fruit Bath〉예요."

당신이 그렇게 말했을 때 저는 어떤 감각적 황홀감에 빠져들었습니다. 청량하고 환한 노랑의 둥근 것들이 휘도는 시각적 향연, 물을 저을 때 손가락 사이로 빠져나가는 것과 부딪히는 것 사이에서 발생하는 촉각적 저항, 콧속으로 훅 들이닥쳤다가도 금세 잔잔해지는 상큼한 후각적 리듬, 그리고 둔탁하게 일렁이는 청각적 배경. 그러한 감각들의 총합과 연쇄가 순식간에 저를 사로잡았지요. 당신의 그림 앞에 서본 사람들이라면, 아마 비슷한 감각을 경험했으리라 생각합니다.

 당신은 욕조 안에 레몬을 쏟아붓는 상상의 이미지 외에도 달리는 기차의 창문 밖으로 빠르게 지나가는 풍경, 고드름이 녹아내리는 장면을 보고 그림을 그렸다는 이야기를 해주었어요. 너무나 익숙한 나머지 보이지만 보이지 않고, 들리지만 들리지 않는, 그렇게 무심코 흘러가는 일상에서 새로운 지각을 통해 낚아채는 어떤 순간이 '시적인 순간'이라고 한다면, 당신의 많은 작업은 시적인 순간을 껴안고 출발하는 것 같습니다.

 하지만 시적인 것 그 자체가 시가 되지는 않는 것처럼, 즉 시적인 어떤 것이 변형되고 해체되고 재구성되고 처음의 의도를 배반하기도 하면서 고유한 인식과 언어로 전환될 때야 비로소 시가 되는 것처럼, 마찬가지로 당신의 붓은 '시적인 물'에 처음 적셔지지만, 색을 만들고 물감을 바르고 펴내고 긁어내고 다시 덧칠하는 과정을 거치면서 새로운 인식과 감각의 총체로서의 그림으로 이행됩니다. 그런 측면

김미영, 〈LEAF SHOWER〉, 2023~2024, 린넨에 오일, 180×210cm.

에서 시작詩作의 메커니즘을 내장하고 있는 회화라고 해야 할까요? 단순히 비유적인 표현으로서, 혹은 결과물이 발생시키는 감상으로서의 '시적인 그림'과는 조금 다른 의미를 갖는 것이지요. 그래서 저는 당신의 작업에 '시 그림' 혹은 '그림 시'라고 조심스럽게 이름 붙여보고 싶습니다. 또한 주제나 의미의 전달을 추구하는 산문에 비해 시가 언어적 뉘앙스와 미학을 탐구하는 언어라는 점을 고려한다면, 더욱 그렇지요.

마티에르의 꿈

고백하자면, 저는 당신의 그림 앞에 처음 섰을 때, 강력한 충동을 가까스로 제어했습니다. 마치 빵에 듬뿍 떠 바른 버터처럼 캔버스 위에 발라진 물감이라는 질료 때문이었지요. 그것은 만지고 싶고 맡고 싶고 핥고 싶을 만큼 맛있게 생긴 입체였습니다. 평면 위에 차곡차곡 쌓아올려진 덩어리들 앞에서 두 손을 겨우 맞잡고 있다가 급기야 캔버스 테두리 바깥으로 주물처럼 삐죽 튀어나온 것을 발견하고 한 손을 갖다 댈 뻔했습니다. (사실 살짝 만져본 것도 같습니다.)

김미영, 〈Summer Snow〉, 2022, 캔버스에 유채 72.7×60.6cm.

당신이 평면에 쌓아올린 마티에르를 보면서 저는 제가 좋아하는 박상순 시인의 시 「피날레」에서 이런 구절을 떠올렸습니다.

네가 떠날 때
바다는 그가 품었던 모든 물고기들을
수면 위로 떠오르게 하였다

마치 수면 위로 떠오른 물고기 떼의 몸부림처럼, 캔버스에서 탈주하려 하지만 여전히 캔버스에 붙들려 있는 물감의 비늘들, 물감의 지느러미들, 물감의 뻐끔거림들……

그리고 다시, 캔버스의 네모난 테두리 바깥으로 튀어나온 마티에르를 바라보는데 캔버스 안에 구속된 마티에르의 꿈이 그것이 아닐까 생각했어요. 모두가 그것을 향해가고 있다고. 공중에서 살아 있을 수 있을 만큼, 딱 그만큼의 스스로의 힘을 가지는 것. 마침내 캔버스를 꼬리에 매달고 날아오르는 마티에르의 꿈.

김미영, 〈MOMENTUM〉, 2023~2024, 린넨에 오일, 아크릴릭, 180×210cm.

그리고 이어서 이런 생각도 했습니다. 거세게 항변하고, 선언하고, 어지럽히고, 난해하게 하는 것만이 전위가 아니라는 생각. 성실한 손이 형성한 고요한 끓어오름 역시 전위의 일종이라는 생각.

완성으로부터 돌아서는 순간

그러나 〈Momentum〉〈Track〉과 같은 당신의 최근작들은 앞선 마티에르의 꿈을 지나 다른 곳으로 발길을 돌리는 것 같습니다. 아니죠. 물리적인 탈주가 아니더라도 얼마든지 캔버스와 힘겨루기를 할 수 있다는 가능성을 알아차렸다고 해야 할까요? 롤러코스터나 낙엽의 소용돌이, 스노우볼에서 감지되는 속도와 운동성을 캔버스 위로 옮겨와 극대화시키는 작업, 그 속에서 당신의 손은 엔트로피와 네그엔트로피 사이를 오가는 것 같습니다.

이는 당신이 "나는 고정된 아이디어로 작업을 시작하기보다 매우 느슨한 생각으로 출발한다. 결정적으로 물감을 먹은 붓을 캔버스 표면에 대는 순간 매우 빠른 직관으로 화면을 채워나간다"(2016년 6월 작가노트 중)고 말한 것과 같이 여전히 예측 불가능성에 손을 맡기면서도, 그림 위에 그림을, 그 위에 또 그림을 입히고 입혀 오직 하나가 되는 질서를 향해간다는 점에서 그렇습니다. 고도의 감각을 재차 쌓아올리다보면, 마주하는 완성. 그 완성 뒤에 당신이 서 있고 그 완성 앞에 제가 그리고 사람들이 서 있습니다. 우리는 그림을 사이에 두고 서로를 마주보다가, 잠시 통했다가, 이윽고 돌아섭니다. 사실은 처음부터 이 말을 하려고 글을 썼습니다. 완성된 그림을 등지고 돌아서서 새 캔버스 앞으로 가는 모든 순간이 당신의 모멘텀이라고요.

5월 24일

에세이

당분간 먼 곳의 산책로

 단단한 표면을 두 발로 번갈아 밀어내야만 여기에서 저기로 갈 수 있는 우리들은 유동하는 것에 취약하다. 공중과 수중에서 우리는 한없이 무력할 뿐 아니라 목숨을 내놓아야 한다. 그러니 해외, 바다의 밖은 멀어서 먼 곳이기도 하지만 불가능을 껴안고 건너는 모험으로서 먼 곳이다. 물론 불가능을 넘어서고자 하는 인간의 욕망이 비행기와 배를 만들어내어 기어이 먼 곳으로 가뿐히 건너가게 되었지만 말이다.

 그 때문인지는 모르겠지만 나는 해외를 갈 때마다 유서 같은 것을 서랍에 써두고 가곤 했다. 죽으러 가는 것은 아니었지만 죽을 수도 있다는 가능성 때문에, 아니 어쩌면 그런 마음을 가지고 떠나고 싶었는지도 모르겠다.

  현실에서 현실로 가는

 계절은 서서히 다가오는 것처럼 굴다가도 어느 순간 내 어깨를 툭 치고 지나간다. 가을이 겨울로 전환되며 아침에 풍기는 냄새, 그것이 내 콧구멍으로 들어오는 순간 나의 뇌는 인도의 어느 숙소 옥상 풍경을 재생시킨다. 십여 년 전 나는 두 차례 인도로 떠났다. 한 번은 일주일간 인도 서부의 푸네로, 한 번은 한 달간 북부의 델리로 떠났다. 처음 푸네를 갈 때 한국은 가을이었고, 푸네는 인도 안에서도 휴양지 같은 곳이어서 날씨가 무척 좋았다. 견딜 만한 더위였고 습하지도 않았다. 내가 다시 인도를 간다고 했을 때 누군가 내게 수면 양말과 더 도톰한 침낭을 가져가라고 일러주었지만…… 나는 얇은 침낭과 그보다 얇은 패딩 하나만 챙겨 떠났다. 그렇게 인도의 추위를 우습게 알았던 죄로 난방 시스템이라곤 없는 숙소에서 덜덜 떨며 자고 일어나 얼음장 같은 찬물로 세수만 겨우 하고 따뜻한 햇볕이 있는 옥상에 올라가 있어야 했다. 그 추움의 감각은 한국에서 경험하던 것과는 다른 것이었다. 옥상에서 비스킷 한 봉지와 따뜻한 짜

이를 마시고 있으면, 쾌쾌한 매연 냄새가 훅 불어왔다가 커다란 까마귀들이 깍깍거리며 지나갔다가 화려한 색상의 빨래들이 흔들거리곤 했다. 그 장면은 온도와 냄새를 동반하고 있어서 그 어떤 기억보다 강렬하게 몸에 남아 있다.

델리로 갈 무렵 나는 휴학을 하고 무려 네 종류의 아르바이트를 하고 있었다. 개인 과외 몇 개, 건축사사무소, 독서실, 도서관. 당시에도 어떻게 그 많은 아르바이트를 하냐는 물음을 받았지만, 아침 여덟시부터 새벽 두시까지 시간을 쪼개어 부지런을 조금 떨고, 무엇보다 돈을 벌어야 하는 강력한 동기가 있다면 충분히 가능하다. 그것들은 내 생계와 가족 생계의 일부를 떠받들고 있는, 내가 나름대로 애써 획득하고 조직했던 단단한 경제 토대였고, 거기에서 하나라도 모자라면 그 구멍을 온몸으로 막아야 했다. 그런 상황에서 나는 왜 불현듯 떠나야겠다고 생각했을까. 아니다. 그런 상황이었으니까 떠나고 싶었겠지. 아무튼 나는 델리행 비행기를 탔고, 하늘 위에서 여덟 시간 동안 힘껏 기대로 부풀었다가 불안으로 쪼그라들기를 반복하는 마음 풍선을 달래느라 수첩을 다 써야 했다. 과외하는 학생의 부모에게, 건축사사무소 소장님에게, 독서실 실장님에게, 도서관 관장님에게 한 달 동안의 부재에 대하여 간곡히 양해를 구하였지만, 내가 돌아갔을 때 그 자리가 그대로 비워져 있으리라는 보장이 없는 것이다. 하지만 또 그 아르바이트 지옥에서 빠져나왔다고 생각하니, 다시는 현실로 돌아가고 싶지 않다고 생각했다.

그러나 내가 델리의 추위에 몸을 바들바들 떨며 한 달을 보내고서야 비로소 인정한 것은 몸은 절대 현실에서 벗어날 수 없다는 것이었다. 먼 곳으로 가는 것은 현실에서 현실로 이동할 뿐이라는 사실이었다.

과거에서 미래로, 미래에서 지금으로 가는
먼 곳을 떠올릴 때, 그곳은 과거에 있거나 미래에 있다. 비로소 먼 곳에 있을 때, 떠나온 곳은 과거와 미래로서 존재한다. 아마도 그 이유 때문에 사람들은 자꾸 먼 곳을 그리워하고, 이윽고 그곳에 다녀오는 것이 아닐까. 공간의 이동이 아니라 실은 시간의 이동을 꿈꾸는 것 아닐까 생각한다. (실제로 먼 곳과 여기 사이에는 시차가 있기도 하고.)

먼 곳으로 갈 때 나는 늘 폭발하기 직전이었다. 몇 초 남지 않은 폭발물을 지금 여기서 터뜨릴 수 없기에 자폭하는 마음으로 그것을 들고 비행기를 탔던 것 같다. 그러므로 먼 곳에 대한 기대감이나 로망 같은 것을 들고 갈 여분의 손 같은 것은 없었다. 하지만 스페인 여행은 달랐다. 스페인에 가기로 결정한 그 순간부터 나는 한 번도 가본 적 없는 그곳을 매일 그리워했다. 바르셀로나의 구시가지에는 람블라 거리라는 가로수길이 있다고 했다. 북쪽 카탈루냐 광장에서부터 남쪽 항구 근처의 평화의 광장까지 이어지는 1.2킬로미터에 달하는 보행자 전용 거리다. 나는 그 거리를 걷는 것을 매일 상상했다. 광장과 광장을 잇는 산책로, 오래된 양옆의 가로수들이 지붕이 되어주는 거리, 음악과 그림과 술이 있는 그곳을 나는 가기도 전에 적극적이고 절실하게 걷고 또 걸었다. 미래는 이미 내 안에 와 있었고, 나는 그것에 대해 썼다.

당분간 먼 곳의 산책로

한 번도 걸어본 적 없는 거리를 걷게 될 것이다 '냇물이 흐르던 자리'라고 한다 걸을 때마다 발자국에 물기가 차오를 것이다 젖은 자국을 볼 때마다 불행했던 일이 떠오르면 잠시 멈춰 서서 흔들릴 것이다 세차게 흐르던 물을 마른 돌이 기억하는 것처럼

그러나 금방 잊어버리고 아이스크림을 깨물며 걸을 것이다

먼 곳을 두고 다시 돌아올 것이다 '벌써 산책이 끝났다'고 일기장에 쓸 것이다 '이곳의 모든 일은 내가 있었던 것처럼 흘렀구나' 말할 것이다

그러나 다시 그 거리를 걷는다면 더이상 발자국이 젖지는 않을 것이다

가보지 않은 거리가 이미 그립다는 것은
아직과 벌써가 당분간이기 때문

정말이 아니더라도
그 모든 연습이 이루어지는 거리

당분간 먼 곳의 산책로

—졸시, 「람블라」 전문

죽음에 가까이 가는

무인도는 내게 비유나 상징의 대상이 아니다. 나는 지금까지 적어도 열 번도 넘게 무인도에 던져졌고, 며칠 동안 그곳에서 생활을 영위하면서 무인도가 하나의 실질적 세계로 전락해버렸기 때문이다. 무인도라는 단어가 거느리는 풍경에는 드넓은 모래사장이 있고, 밤의 어둑한 숲에서 들려오는 정체 모를 생명들의 울음소리가 있고, 탈출을 감행할 유일한 수단인 뗏목을 만들 재료가 발견되어야 하겠지만, 나에게 있어 무인도는 갯바위 그 자체다. 갯바위엔 그야말로 아무것도 없으며, 몸 하나 제대로 누일 수 없을 만큼 불끈불끈 튀어나온 작은 바위들로 이루어진 큰 바위일 뿐이다.

여름이 되면 어디론가 떠나는 사람들. 서로 어디로 떠날 것인지에 관해 이야기를 나눌 때면, 유독 나의 휴가지를 꽤 길게 설명해야 했지만, 어쩐지 늘 공감받지 못하고 이야기는 끝이 났다. 하긴 직접 가보지 않고는 상상하기 힘든 곳이긴 하지. 나 또한 그랬다.

  아빠를 따라 무턱대고 따라나선 우리 네 식구, 아니 아빠를 제외한 세 명은 눈앞에 나타난 갯바위를 보고는 거의 울기 직전이었다. 서울에서 차를 타고 장장 다섯 시간을 내려간 장흥에서 다시 사선을 타고 네 시간가량 바다로 나갔다. 새벽이었기 때문에 바다 안개가 온몸을 축축이 감쌌고, 하늘엔 별이 쏟아질 듯해서 우리는 약간 감상에 젖기도 했다. 그러나 배의 헤드라이트가 여서도에 부속된 어느 갯바위를 비추는 순간, 아빠를 제외한 모두가 기겁했다. 정상적인 선착이 불가능하여 배가 모터를 최대한 가동해 뱃머리를 갯바위에 밀어붙이는 동안 온갖 짐을 들고 하선하는데, 이게 맞는 건가 싶었다. 이건 아니라는 생각이 들었을 때는 이미 배가 떠나고 있었다. 우리는 훈련 받은 적 없지만 줄 없이 클라이밍을 하기 시작했다. 한발 한발 신중하게 떼면서 장갑 낀 손으로 바위의 뾰족한 부분을 더듬어가며, 어깨에 들쳐 멘 짐과의 균형 싸움을 하면서 텐트를 칠 수 있는 곳까지 오르는데, 그때 서로에게 외치는 '조심하라'에는 늘 '죽음'이

목적어로 생략되어 있었다. (나는 매번 이런 과정을 떠올릴 때마다 정말 미친 짓이라고 생각하면서 매해 그 일을 반복했다.)

 갯바위에서는 살기 위한 아주 기본적인 것들을 하기 위해 온 힘을 다해야 했다. 이를테면 먹고 자고 싸고 씻는 것. 이곳에 오지 않았다면, 욕실에서 따뜻한 물로 십 분 만에 샤워를 끝냈을 테지만, 갯바위에서는 바가지에 줄을 매달아 바위에 부딪히지 않게 멀리 던져서 물을 조금씩 길어올려 겨우 고양이 세수를 하고, 생리적 신호라도 오면 생분해 용변 봉투를 들고 바위를 오르고 넘어 섬 반대쪽으로 가서 일을 치르고 다시 그 험궂은 길을 돌아와야 한다. 잠을 잘 때는 어떤 캠핑 기술로도 극복할 수 없는 경사에 몸이 굴러가지 않도록 수없이 자세를 고쳐야 하며, 모기에 뜯기지 않도록 텐트 표면에 몸이 닿지 않아야 한다. 이 모든 일이 과장이었으면 좋겠지만, 한순간 큰 사고로 이어질 수 있는 그곳에서 늘 과장되어 있지 않을 수 없는 것이다. 정말 이상하지 않은가. 죽음이 가까운 그곳에서 먹고 자고 싸는 일에 그렇게 정성스러울 수 있다니.

다녀온 갯바위들을 결코 구별할 수는 없지만 그곳에 도사리고 있었던 '죽음'에 대해서는 기억하고 있다. 갯바위 소리만 들어도 진절머리가 나지만 아마 나는 짙은 바다로 둘러싸인 그곳에 가게 될 것이다. 기꺼이 죽고 싶을 때. 기어이 살고 싶을 때.

5월 25일

시

몽상

옆구리에 계곡을 끼고 한참을 걸었습니다만

비는 내리고

안개는 차오르고

두 발은 물을 가득 머금고

하지만 괜찮습니다

우비를 입은 덕에 아직 완전히 빠지지는 않았거든요

멀리 검은 말 두 마리가 풀을 뜯고 있습니다

저는 말들을 부르며 달려갔습니다

한 마리가 먼저, 그 뒤로 또 한 마리가 저를 향해 옵니다

고개를 휘휘 끄덕거리는 말들을 쓰다듬으며

축축해 털이,

묻었어 꽃잎이, 하는데

한 마리가 제 우비의 옆구리를 물고는

고개를 또 휘휘 끄덕입니다

구멍 난 우비를 입은 채 또 한참을 걸었습니다만

아직 옆구리에 계곡이

이전보다 더 세차게 흐르고

곧 범람하려고 합니다

나와 말은 함께 가벼워집니다

5월 26일

인
터
뷰

이 인터뷰(『현대시』 2019년 8월호)는 나의 첫 시집 『내가 나일 확률』(문학동네, 2019)에 대해 임지은 시인이 묻고 내가 답한 것이다. 시쓰는 시간 외에 시인이 되는 순간이 있다면, 누군가 내게 시를 물어줄 때이다.

존재의 최저치에서 발화하는 시

임지은(이하 임) | 산책하기 좋은 초여름 날씨에 시집이 나왔습니다. 내가 나일 확률만큼 드문 확률이지 않을까 싶은데요. 정말 축하드리고요. 첫번째로 가볍게 시집이 나온 소감과 근황을 들어볼까요?

박세미(이하 박) | 첫 시집이 나온 지 한 달 반이 겨우 지났는데요, 처음 한 달은 기쁨과 허망함의 낙차를 견디느라 뒤척였던 것 같아요. 요즘은 적당히 뒤척이고 다시 하루하루 제게 닥친 일들을 해치우며 살고 있어요. (웃음)

임 | 표지에 대해서 얘기를 하고 싶어요. 첫 낭독회에서 회색의 미지근한 온도를 가진 시를 쓰고 싶다고 한 것으로 기억하고 있는데요. 회색이 시멘트색이기도 하고 때 탄 강아

지의 털 색깔이기도 하잖아요? 박세미 시인의 일상생활에서 회색이 차지하고 있는 비중이 얼마나 될지 궁금하네요.

박 | 색깔이 뿜어내는 존재감이 있잖아요. 채도와 명도에 따라 저마다 다른 힘이 있고, 다른 말을 하잖아요. 특히 빨강, 노랑, 파랑 같은 원색 계열일수록 특정한 무언가를 떠올리기 쉽고요. 최대한 말을 안 하고 싶었어요. 존재감을 가장 누그러뜨리고 쓰고 싶었어요. 그래서 회색을 선택했고, 회색 중에서도 붉은 기나 푸른 기가 없는 것으로 부탁드렸어요. 그런데 일상생활에서 회색을 선택하는 이유는 조금 다른 것 같아요. 제가 가지고 있는 속옷과 전자제품 대부분이 회색인 걸 보니 아마 때가 타지 않고 질리지 않는다는 이유가 큰 것 같습니다. 별 철학이 없어요. (웃음)

임 | 문득 저도 제 이불 색깔이 회색이라는 것이 떠오르네요. 그러니까 집에 있으면 이불만 덮고 싶고 시쓰기가 어려워서 저는 일단 집 밖으로 나가려고 애쓰는데요. 박세미 시인에겐 일상 모드에서 시쓰기 모드로 변환하는 스위치가 어떤 게 있을까요?

박 | 시간이 허락한다면, 하염없이 누워 있는 편입니다. 노트랑 펜을 베개 옆에 두고 가만히 누워 있어요. 이 생각 저 생각 하면서. 그중에 잡히는 단어나 문장을 노트에 써두고 또 가만히 누워 있어요. 그러다 단어나 문장에 감정이 붙고 감각이 붙고, 그것들이 얽혀서 시가 되려 하면 벌떡 일어나 컴퓨터 앞에 앉아 쓰기 시작합니다. 그런데 이 방식의 치명적 단점은 그대로 잠들 수 있다는 점이에요. (웃음) 실제로 자주 그러고요. 빨리 스위치를 켜야 하는 상황이라면, 목욕을 합니다. 욕조 안에 들어가 있는 시간을 좋아하고, 물속에 있을 때 가라앉아 있던 감각들이 떠오르는 느낌이 듭니다.

임 | 오! 전 누워 있으면 안 되는 몸인데, 누워서 시상을 떠올리신다니 신기하네요. 그런데 누우면 졸리다는 점은 저랑 같군요. (웃음) 시인의 말을 보면 나와 나 사이에 흐르는 의심의 강이 있다고 해요. 나는 나와 가장 가깝지만, 오히려 잘 알 수 없다는 점에서 믿음과 의심의 강이 동시에 흐를 것 같아요. "불가능하다고 믿으면서도 지속하는"「신앙생활」처럼 시집을 묶고 만드는 과정에서 흘렀던 믿음과 의심의 강이 있었나요?

박 | 스스로에 대한 불신, 의심에 대한 이야기는 시간을 아무리 주신다고 해도 결코 선명하게 말할 수 있을 것 같지 않아서, 첫 시집을 준비하면서 겪었던 감정을 유치하게 비유하자면 마치 결혼을 하는 사람 같았습니다. 말을 하면서도 적절한지 모르겠는데요. 인쇄에 들어간다는 소식을 듣는 순간까지도 '이 사람(시들)과 결혼(시집 발간)을 하는 게 맞을까?' '지금 하는 것이 맞나?' '돌이킬 수 없는 인생 최대의 실수를 하는 것이 아닐까?' 등의 생각들을 했어요. (웃음) 편집자 선생님과 해설을 써주신 평론가 선생님 덕에 스드메(스튜디오, 드레스, 메이크업)가 완벽하게 준비되고, 친구들로부터 진심의 축하를 받으면서도 제 안에 끊임없이 의심들이 있었어요.

임 | 시집과 결혼에 관한 얘기가 재미있네요. 이제 본격적으로 시집 안으로 들어가볼까 합니다. 왠지 '신부 입장!'이라고 외치고 싶어지네요.

곧 아플 겁니다.

슬픔이 오기 전에 아플 거예요.

물에 빠진 개와 눈이 마주쳤을 때
나는 마침 차가워졌고
조금 늦게 감기에 걸렸습니다.

아프고 나면, 정말 아플 겁니다.
스스로를 믿는 힘으로

갑자기 손이 아프면 혼나지 않았습니다.
열이 나지 않아도
따뜻한 손이 이마를 짚어주었는데

온몸이 아픈데
온몸이 이렇게
여기 있습니다.
그대로

다이빙대에 올라

검은 구멍 속을 내려다보았습니다.

우아한 몸짓으로 뛰어내렸는데
온몸이 이렇게
여기 있습니다.

죽은 개의 얼어붙은 꼬리를
꼭 붙잡고 매달려 있습니다.
스스로에게 속는 힘으로

—「꾀병」 전문

임 | 이렇게 즉각적으로 위로가 되는 시를 오랜만에 만난 것 같아요. 꾀병은 남을 속이려는 방법이지만, 결국엔 자기 자신도 속이고 말잖아요. 혹시 꾀병을 자주 부리시는 편인가요? (웃음) 농담이고요. "다리가 하나 기어나간다"(「알」), "몸이 말할 때 머리는 가장 투명해진다"(「아무것도 하기 싫어」)처럼 몸에 대해 명징한 감각이 있으신 것 같아요.
박 | 어릴 때뿐만 아니라 어른이 되어서도 꾀병을 종종 부리는 것 같습니다. (웃음) 저는 제 몸뚱이가 매일매일 명징

해요. 왜냐하면 제일 말을 안 듣거든요. (웃음) 저는 비염을 오랫동안 심하게 앓고 있는데요. 이게 끔찍이 아픈 것도 아닌데, 하루종일 코가 간지럽고, 재채기를 하고, 눈물을 흘리다보면, 아무것도 할 수가 없어요. 글을 쓰기는커녕 책도 읽을 수가 없어요. 고작 비염 같은 거에 글을 못 쓴다는 것이 어이가 없는데, 결국 굴복해요. 생각해보면 게으르고 변변치 않은 몸에 늘 굴복해요. 꾀병이라는 생각은 그런 면에서 힘이 세죠. 그런데 또 억울해요. 나아지자고 믿을 때는 잘 나아지지 않는데, 아프다고 믿을 때는 아프고 만다는 것이.

아주 오랫동안 이 방을 취재해왔습니다.
나타났다 사라졌다 하는 방을 그날도 기다리고 있었지요.
방이 번쩍이던 순간 나는
힘껏 방안으로 발을 밀어넣었습니다. 드디어
이 방에 대해 설명해줄 수 있는 유일한 거주자
그를 만나게 된 것입니다.

이 방은 살아 있습니까?
대체로 이 방은 3×3×3m의 체적을 유지합니다. 식물과 모빌이 살고 있지요. 그리고 하루의 절반, 창문을 통해 들어온 사각의 빛이 머무릅니다.

식물은 방의 시간입니다. 방의 시간은 수형과 색과 향기로 흐릅니다. 가끔 말라비틀어진 시간의 잎들이 우수수 떨어질 때마다 나는 그걸 줍느라 다른 시간의 줄기가 생장하는 줄도 모릅니다. 오직 적당한 방관과 적당한 관심만이 시간을 흐르게 하지요. 모빌은 방의 호르몬으로서 타고난 균형감각으로 평안과 불안 사이에 매달려 있습니다.

빛은 침입자이지만, 그가 움직이는 경로는 부드럽고 온화하니, 방은 기꺼이 입을 벌립니다.

이 방에서 살아 있지 않은 것은 나뿐입니다.

그렇다면 이 방에서 당신은 무엇입니까?

삶을 흉내내는 자입니다.

나의 생은 최대 9㎡를 넘지 않으니

한때는 가수였고, 한때는 과일 장수였으며, 그다음엔 고아, 또 그다음엔 여행자였습니다.

나를 배우라고 생각할 수도 있겠지만, 이곳에 관객의 자리는 없습니다.

(……)

 당신이 방을 버린 것입니까? 아니면 방이 당신을 쫓아낸 것입니까?
 여행자가 답하겠습니다. 방의 시간이 식물로 흐른다면, 방 밖의 시간은 금속으로 쏟아진다는 이야기를 들었지요. 하여 나는 나를 위해, 싸우기 위해 먼 이국으로 떠나야 했습니다. 하루는 해변에서 결투가 있었지요. 파도가 밀려왔다 나가는 장면, 그리고 파도가 절벽에 부딪치는 소리만이 존재하는 그곳에서 나의 귀는 침묵 속에 잠겼고, 나의 눈은 어둠 속으로 추락했으며, 나는 살아남았습니다.
 가수는 자신이 살아 있음을 널리 알리기 위하여 노래를 부르기 시작했지요. 노래를 흘리고 다니며 자신의 종적을 표시해두었습니다. 그러나 노래는 수많은 발에 걷어차이고 부스러져 가루가 되었습니다. 어떤 날은 빗물과 함께 하수구로 쓸려내려갔지요. 가수는 자신이 왔던 길을 다시 걸으며 떨어진 노래들을 최대한 주워모았습니다. 그리고 방으로 돌아와 노래를 한 움큼 집어삼켰지요.

방을 물려주지 않기 위하여

빈방만 남기지 않기 위하여

—「제3의 방」부분

임 | 시집에서 가장 긴 시죠? (웃음) 장시를 쓰게 된 특별한 계기가 있었나요?

박 | 유일하게 긴 시죠. (웃음) 그래서 썼어요. 늘 시를 지우는 방식으로 쓰다보니, 스스로 지루한 면도 있었고, 첫 시집 원고를 꾸리는 중에 긴 시가 좀 있으면 좋겠다 싶었거든요. 그래서 말을 삼키는 방식이 아니라 술에 취한 것처럼 떠들어보자 했어요. 그런데도 여전히 지우고 다른 시인들이 쓴 장시보다 짧더라고요. (웃음) 취약점을 스스로 고백하자면, 한 호흡으로 길게 쓸 자신이 없어서 인터뷰라는 형식을 선택했고, 가수, 과일 장수, 고아, 여행자라는 다양한 입을 빌려 답해보려고 했습니다. 특히 방의 시점에서 움직여보려고 했어요. 한 반년 정도 이 시를 붙잡고 있었는데, 살아 있는 방에 죽은 것처럼 사는 사람, 종국엔 유서도 없이 자신도 모르게 사라지는 사람을 결국 만났다는 생각이 듭니다.

임 | 사물이 시의 화자가 되는 것은 자주 보았는데, 방이 본격 대두되는 시는 거의 못 본 것 같아요. 그래서 아주 흥미로웠는데요. "내가 구르고자 하면 방도 함께 굴러간다"든지, "식물이 거꾸로 방의 뒤통수를 친다"든지, "아무도 읽지 못하는 빈방이 된다"든지. 사람이 하나의 방이라면 박세미 시인의 방은 어떤 모양일지, 거실처럼 넓을지, 어떤 가구들로 꽉 차 있을지 설명해주실 수 있나요?

박 | 제 실제 방의 성격하고 비슷할 것 같아요. 저희 엄마가 늘 저에게 '제발 게딱지 같은 것들 좀 갖다버려라' 하세요. 쓸데없는 것들을 소중히 모아두거든요. 가족 여행 가서 들렀던 호텔의 비치용 비누 같은 게 아직 있어요. 초등학교 삼학년 때 갔던 여행이니까 이십삼 년이 묵은 비누예요. 그게 왜 소중한지는 모르겠는데, 버릴 수가 없어서 지퍼백에 밀봉해 간직하고 있어요. 물론 모든 물건을 다 쌓아두는 것은 아닌데, 집착이 생기는 물건들이 있는 것 같아요. 제 안에도 별 이유도 없이 집착이 생기는 감정들이 게딱지처럼 쌓여 있는 것 같습니다. 시를 쓰면서 저라는 방을 뒤적거리다보면, 이십삼 년 묵은 비누 같은 감정들이 발견되는데

요. 아직도 향이 난다는 사실이 저를 시적으로 움직이게 합니다.

    굼벵이의 자세, 굼벵이의 속도, 굼벵이의 마음, 굼벵이의 식욕, 굼벵이의 일상으로부터
    기어서 기어서
    벗어나고 싶었지만 오늘도
    실패라서

    나무 아래까지
    기어옵니다
    축축한 몸을 흙속에 둥글게 말아넣으며
    굼벵이, 자신을 비웃습니다

    흙속이, 잠들기 전 몰려드는 죽음 같다면
    물속은, 깨자마자 그리울 죽음 같습니다

    흐린 아침
    몸을 뒤집어 등으로 기어갑니다

밤새 누군가 허물을 벗어놓았습니다

마지막 감정을 본뜬

몸은 사라지고 영혼의 최대 질량만이 남았습니다

건드리면 부서지는

기고 기어서

마침내 무생물의 몸이 되었습니다

—「물성」부분

임│굼벵이, 라니까 제가 좀 행동이 느린 편이라 남 일 같지 않은데요. 박세미 시인도 저랑 같은 과시죠? (웃음)

박│완전히 굼벵이입니다. 만약 제게 생계라는 당면 과제가 없었다면, 가만히 있다가 죽었을지도 모른다는 생각이 듭니다. 앞서 말씀드렸다시피 물에 들어가 있는 걸 좋아하는데, 바다나 수영장에서도 수영을 하기보다 물에 둥둥 떠 있는 것을 좋아합니다. 앞이 아득해질 때까지요.

임│가만히 있다가 죽었을 거라는 대답이 인상적이네요.

원래 인간은 멀리서 보면 가만히 있다가 죽기 때문인데요. (웃음) 시를 읽는 내내 이미지와 실감이 손에 잡힐 것만 같았어요. '몸은 사라지고 영혼의 최대 질량만 남은 무생물'이 되어 수영장에 떠 있는 굼벵이의 모습이 섬뜩한 느낌을 주기도 했어요. 굼벵이는 실패라는 것을 조금도 두려워하지 않는 것 같은데, 박세미 시인이 시를 쓸 때 가장 중요하게 생각하는 물성은 뭘까요?

박 | 임지은 시인이 언급해주신 것처럼 '몸은 사라지고 영혼의 최대 질량만 남은' 것들에 관심이 갑니다. 가장 특별하지 않고, 가장 살아 있지 않은 희박하고 희미한 존재, 그러니까 존재의 최저치에서 발화하고 싶은 욕망이 있는 것 같아요. 먼지, 검은 콩, 피규어, 돌멩이처럼 무색무취 무미건조한 물성을 찾아 미약한 숨과 미세한 감정을 입히는 작업을 재밌어합니다.

> 커튼은 고백하기 좋다
> 눈썹과 코끝을 스치며, 커튼은 자꾸만 바닥으로 늘어지고
> 등에는 투명한 창이 매달려 있지
> 술래를 기다리는 마음으로

커튼을 빌려 나타나는 입술의 형상

목소리는 입술의 모양보다 늦게 온다

그러니까 혼자는, 후회를 기다려

베란다 쪽에서 내려다보면 화단,

복도 쪽에서 내려다보면 아스팔트 바닥이네

그러니까 혼자는, 죽기 좋은 곳을 확인해

난간은 고백하기 좋다

햇빛을 반사시키며,

옥상은 혼자를 튕겨내고 싶어하지

목소리는 공중에 내민 발보다 늦게 온다

낭독을 마치고 나면,

반가운 택배를 기다리고

우리는 친구처럼 둘러앉아 커피를 마시기도 해

그러니까 모두는, 혼자가 되어서야

낭독을 한다

       —「혼자서의 낭독회」전문

임 | 이 시는 무엇보다도 낭독 공간인 옥상이 선명하게 느껴졌어요. 옥상 같은 특별한 공간에 가면 평소와는 다른 기분이 들잖아요. 꼭 소리 내어 말하지 않아도, 말할 것을 가지고 있다는 것만으로도 일상을 견디는 일이 외롭지만은 않을 것 같아요. 건축 잡지를 만드는 일을 하고 계시는데 시를 쓰는 일과 어떻게 다르고 어떤 영향을 주고 있나요?

박 | 건축을 공부하고 그에 대한 글을 쓰는 일을 하면서, 다양한 공간과 건축가를 접할 일이 많다보니 아무래도 공간을 읽는 눈이 생기는 것 같아요. 재료, 구조, 평면, 공간감 같은 것들을 하나씩 뜯어보면서 '아, 이래서 이 공간이 좋게 느껴지는구나'를 알게 되죠. 그렇게 건축가의 최종 산물을 역추적하다보면 건축가가 관념을 어떻게 구체화시키고 감각의 논리를 만들어갔는지 알게 돼요. 그 관념의 구체화, 감각의 정량화를 통해서 만들어진 하나의 공간이 다시금 새

로운 감각으로 환원되어 돌아온다는 사실, 더 나아가 건축가도 예상하지 못했던 공간감이나 사건들이 발생한다는 지점이 저에게는 무척 매력적이에요. 시쓰는 일과 비슷한 지점이 있다는 생각이 들거든요. 그러나 실제 제가 건축 잡지 기자로서 기사를 쓰는 몸과 시쓰는 몸은 완전히 다릅니다. (웃음)

임 | 이제 슬슬 인터뷰를 마무리할 시간이네요. 『내가 나일 확률』이 오랫동안 사랑받는 시집이 될 것 같은 예감이 드는데요. 읽을 때마다 조금씩 다르게 느껴지는 무한한 자유로움이 있거든요. 앞으로의 계획은 어떻게 되시나요?
박 | 당분간은 큰 변화 없이 지낼 것 같아요. 한 달마다 건축 잡지 마감을 치르고, 마감을 했다는 겨를 없이 문예지 마감을 하면서, 가끔 한적한 시간이 온다면 그 풍요를 절대 놓치지 않으려고 하겠죠. 그런데 첫 시집의 시들을 쓸 때보다는 조금 더 진한 감각 속에서 시를 써야겠다, 그리고 조금 더 자유롭게 쓰고 싶다는 마음이 있어요.

임 | "오래 달궈진 프라이팬 위에" 검은 콩처럼, "눈부심을

가둔" 딸기처럼, "귀여움과 가려움 사이에 동그란" 구름처럼 박세미 시인의 시를 오랫동안 곁에 두고 보고 싶네요. 어디 가지 마시고 많이 써주세요. 다시 한번 축하드립니다.

5월 27일

에세이

다만 나는 오늘의 새로운 맥락이 된다 2

 나는 도시 곳곳에 박혀 있는 (내가 좋아하는) 특정 공간에 대해 쓰고 있었다. 이를테면 국립현대미술관, 절두산순교성지, 남산타워와 같은 곳들에 대해. 각각의 공간적 특징이 무엇이며, 그 특징으로 하여금 갖게 되는 특정한 감각에 대해. 그러다 나는 어쩐지 글의 실타래를 잘못 풀고 있다는 느낌을 지울 수 없었다. 그러곤 내가 의식하고 있지 않았던 거대한 질문을 떠올렸다. 도시란 무엇인가? 내가 도시를 떠올릴 때 그 저변에서 감각의 맥락을 제공하는 것은 무엇인가? 적어도 도시가 기념비적인 몇몇의 건축물로 포획되지 않는다는 것은 확실했다. 내가 도시를 이해함으로 시가 자랐던 방식에 대해 다시 이야기해보고자 한다.

거리의 입면을 겪으며 걷기

우리는 바닥에 서지만 우리의 눈은 벽을 본다. 건축의 내부는 그 공간을 이용하는 몇몇의 사람들만 경험하지만, 건물의 외부는 불특정 다수가 경험한다. 건축을 이야기할 때 우리의 주된 관심은 내부의 공간적 경험에 있으나, 사실 우리는 대부분의 건축을 껍질을 통해 만난다. 이 때문에 건축가에게 입면, 특히 파사드(건물의 출입구가 있는 정면부)를 어떻게 디자인할 것인가는 중요한 주제이기도 하다.

도시를 경험한다는 것은 어쩌면 수많은 입면을 감각하는 일일 것이다. 의식적으로 바닥을 내려다보거나 하늘을 올려다보지 않는 이상 우리의 눈은 어쩔 수 없이 수직으로 존재하는 면들에 노출되어 있기 때문이다. 어떤 여행을 기억할 때, 어릴 적 뛰어놀았던 골목을 떠올릴 때, 겹겹의 입면들의 파노라마처럼 기억의 배경이 되어준다.

도시에서 나고 자란 나는 도시의 시각적 기호의 난무함 속에 현기증을 느낀다기보다는 그것을 소거하는 데 익숙했다. 매일 다니던 길임에도 건물이 어떤 색인지, 어떤 가게가 있는지, 입구가 어떻게 생겼는지 떠올리지 못하기 일쑤였다. 나에게 도시는 유기적으로 연결된 무엇이 아니라 내가 도착해야 하는 수많은 점의 집합일 뿐이었던 것이다. 거기에 입면으로 이루어진 거리의 풍경은 없었다. 사람들이 친구와 연인과 또 그 누구와 도시를 산책하는 이유를 잘 몰랐다. 나에게 거리는 그저 시끄럽고 피곤하고 따분한 대상이었다. 늘 나는 걸음을 멈추고 어떤 공간에 머무르는 것을 좋아했다. 그런 나에게 보행의 기쁨, 거리의 기쁨을 알려준 것은 다름 아닌 개였다. 우리집 개가 산책을 나가자고 내 앞에 앉아 간절한 눈빛을 보내는 이상 나는 나가야 했고, 그를 따라, 정확하게는 그를 이끄는 냄새의 자취를 따라 목적 없이 섰었다. 우리 개가 멈춰 서서 한참 코를 킁킁거릴 때면 나는 시야에 들어오는 건물들을 보게 된다. 저 건물은 콘크리트로 지어졌구나, 빗물 자국이 많이 남았네, 창문이 너무 작은 거 아닌가…… 하는 영양가 없는 생각들을 하다가, 우리 개가 걷기 시작하면 나는 또 따라 걸으며 이 골목엔 장미가 많아서 지나갈 때마다 기분이 좋다고 생각하게 된다. 건물의 표정은 각기 다르고, 어떤 건물은 수다스럽고, 어떤 건물은 고집이 세고, 어떤 울타리는 유머스럽고, 어떤 표지판은 공격적이어서 거리를 걷는 동안 도시가 살아 있다고 느끼게 된다. 거리에는 건물들이 있고, 그 건물엔 사람들의 삶이 있어서, 그 삶이 입면을 통해 거리 밖으로 새어나오는 순간들, 나는 어느새 그것들의 이미지, 소리, 냄새, 이야기를 채집하기 시작했고, 그것은 시를 쓸 때 중요한 질료가 된다. "나는 한동안 자연의 비유를 경계하느라 거리에서 시를 만들었다. 거리의 상상력은 고통이었고 나는 그 고통을 사랑하였다"는 기형도의 고백을 조금 알게 되었다.

새의 눈으로 바라보기

인간은 새를 숭배함에 틀림없다. 아니 질투함에 틀림없다. 중력을 거스르면서 땅에 발을 딛지 않고 새처럼 이동하고 싶다는 인간의 욕망은 기어코 날개 달린 거대한 기계를 만들어냈다. 몇백 명의 인간을 들어나르는 비행기를 볼 때마다 인간의 도전과 끈기에 진심 경의를 표하게 된다. 어쨌든 새의 위치, 즉 새의 시선 또한 인간은 필요했다. 제힘으로는 땅에서 높이뛰기를 해봐야 한낱 2m 45cm(올림픽 높이뛰기 세계 신기록)인 인간이 높이 829.84m나 되는 건축물(두바이의 칼리파 타워, 현재 가장 높은 건물)을 설계하려면 그 전체 공간을 파악할 수 있는 시점, 화각이 필요한데, 그것이 새의 눈인 것이다. 한국어로 말하면 조감도鳥瞰圖, 영어로 말하면 버드아이 뷰다. 비약하자면 우리는 새의 눈을 빌려서 건축을 하고 도시를 설계하는 것이다. 건축가는 어떤 높이와 어떤 각도에서 건축물을 조감해야 그 건축물의 특성이 잘 드러나는지, 도시적 맥락과 건축물의 관계를 어떻게 잘 보여줄 수 있는지 판단하여 조감도를 그린다. 세계를 이해하는 하나의 방식인 것이다.

역시 기형도가 말했듯 거리의 상상력은 고통이 맞다. 삶과 삶이 얽히고설켜 서로의 목을 조를 때, 도무지 현실의 유속에 하염없이 떠내려가기만 할 때 거리를 벗어나고만 싶다. 이상이 쓴 「날개」의 주인공처럼 정신없이 거리를 쏘다니다 한 건물 옥상에 주저앉아 '날자, 날자, 한 번만 더 날자꾸나' 읊조리게 되는 것이다. 나 역시 종종 깊은 함정에 빠졌다고 느낄 때가 있다. 스스로 함정에 매몰되어 세계의 질서에서 이탈하려고 할 때 나는 조감의 자리를 찾으려고 애쓴다. 나의 상황을 조금이라도 더 넓은 화각 안에 두면, 침

착함이 생기고 주변의 객관적인 것들이 모습을 드러낸다. 이것은 광활한 세계를 직면함으로 나를 '우주 속의 티끌'이라고 여기게 되는 감각하고는 조금 다르다. 도시의 지형, 건물들의 배치와 부피, 도로 체계, 교통의 흐름 등을 조감하듯이, 아주 실질적이고 물리적인 요소들을 파악하는 것이다. 내 곁의 사람들이 어떻게 포진해 있으며, 도움을 요청할 수 있는지의 여부, 내가 빠진 함정이 어떤 사회문화적 시스템 속에 설치된 것인지 등을 가늠해보는 시선이다. 그럴 때 내 슬픔과 절망이 더 정확해진다고 느낀다. 물론 새의 시선에 머무르는 것은 잠시, 언제나 추락하고 말지만.

맥락 속에서 맥락이 되기

건축물을 설계하는 데 있어 콘텍스트는 늘 중요한 쟁점이 된다. 공간은 단독 존재로서 우뚝 서는 것이 아니라 장소성 안에서 건축되기 때문이다. 다른 분야에서보다 늦게 등장한 이 개념은 건축사에서 훨씬 구체적이고 물리적 특성을 갖는다. 인접한 곳에 어떤 형태의 어떤 규모의 건물이 있는지, 어떤 방향에 자연이 있고 어떤 방향에 도시가 있는지, 그 장소가 역사적으로 어떤 의미가 있는지, 대지의 형상이

어떠한지, 주변의 전망을 건물로 어떻게 끌어들일지와 같은 실질적 고민이기 때문이다. 건축물이 어떤 식으로든 주변의 영향을 받으며 생성되고, 또다른 어떤 것의 맥락이 되는 것이다.

살면서 누구나 자기 존재에 대한 물음이 있을 것이고, 나 역시 그렇다. 존재의 근원을 추적하다보면, 결국 나를 둘러싼 거대한 맥락이 있음을 알게 된다. 그러니까 지금의 나에 이르기까지 '이렇게밖에 될 수 없는' 필연성을 마주하게 되는 것이다. 내 앞에 사과가 있으면 사과가 보이고, 휘어진 길을 휘어지게 걷고, 식물을 자꾸만 죽여서 더이상 식물을 기르지 않게 되는 것이 맥락이라고 말할 수 있을까? 하지만 맥락이란 건 그리 단순하지 않은 것이다. 거대하고 복잡하고 끊임없이 움직인다. 맥락은 우주의 차원까지 갈 수 있고, 순식간에 나의 발톱에 착륙할 수 있기 때문에 그것을 파악하고자 할 때 이미 벗어나 있다.

어쨌든 맥락은 나의 존재 양태를 증명해주기도 하지만 현실 앞뒤로, 꿈 옆으로, 부모로, 문화로, 공간으로 위장해

나를 포위하고는 인과의 수갑을 채운다. 건축가들이 자신들이 설계한 건축물의 존재 당위성을 설명할 때처럼, 그것은 우리를 자꾸 가둔다.

 나는 나의 처지를 비관할 때마다 내가 생성된 맥락을 탓해왔다. 이런 곳에서 살기 때문에, 이런 친구를 사귀었기 때문에, 이런 부모를 만났기 때문에, 이런 연애를 했기 때문에, 이런 걸 보고 경험했기 때문에…… 나는 시를 쓰면서 이 맥락에서 벗어나 단독의 존재로 우뚝 서기를 갈구했으나 그것이 불가능한 일임을 더 면밀히 깨달을 뿐이었다. 그러다 문득, 맥락에서 시선을 거두고 나를 본다. 시를 쓸 때 흐르고 변하고 이해되거나 이해되지 않을 수 있는 나를. 나 자체가 하나의 맥락이 되는 순간이다.

5월 28일

편
지

집기를 만드는 박길종의 길종상가가 십일 주년을 맞이해 출판 프로젝트를 진행하면서 내게 원고를 청탁해왔다. "길종상가 소장 집기 중 하나를 보내드리고 그 구조를 한 꺼풀씩 벗겨내며 짓는 사적인 감상문을 부탁"한다면서. 나는 〈스몰빌딩〉이라는 이름의 작은 책장을 골랐다. 그리고 가상의 인물, 길종상가 관리인에게 편지를 썼다. 존재와 존재 사이를 상기시키는 꼬마 유령 캐스퍼를 상상하면서. 이 글은 『사포도』(화원·미디어버스, 2022)에 수록됐다. 어제는 길종씨가 자신의 책 『여름 그늘, 휴거』(시청각, 2024)를 보내주었다. 사람과 사람 사이에 유령이 있음이 분명하다.

길종상가 관리인에게

1

안녕하세요. 지난 11월 21일에 귀사에서 보내주신 택배가 잘 도착했다는 소식을 전합니다. 귀사에서 제게 어떤 사물을 보내주실지 궁금해하며 기다렸습니다. 몇 주 전 받은 원고 청탁 메일에는 다음과 같이 적혀 있었지요. "길종상가 소장 집기 중 하나를 보내드리고 그 구조를 한 꺼풀씩 벗겨내며 짓는 사적인 감상문을 부탁드리고자 합니다"라고요. 저는 길종상가의 수많은 집기 중에서도 〈스몰빌딩〉이라는 이름을 가진 사물, 또 그중에 하나를 골라야 했는데, 미처 답을 드리지 못했습니다. 그래서인지 〈스몰빌딩〉의 세 가지 사물을 모두 보내주셨더라고요. 저는 그것들을 소중히 꺼내어 어디에 놓아둘지 꽤 오래 고민했습니다. 책상 위에 두는 것이 적합해 보였지만 제 책상에는 이미 책 빌딩들이 곧 무너질 듯 솟아 있었고, 결국 〈스몰빌딩〉은 제자리를 찾는 데 실패했어요. 귀사가 보내주신 사물이 얼마나 멋지고 유용한지와는 별개로 제 방에는 〈스몰빌딩〉이 들어설 만한 대지가 마땅치 않을뿐더러 그곳에 입주시킬 더 작은 사물을 선별해내는 것 또한 쉽지 않았습니다.

2

제 소개가 좀 늦었습니다만, 저는 시를 쓰는 사람입니다. 저는 자주 어떤 사물을 뚫어져라 노려보곤 합니다. 아니면 아예 눈을 감고 독심술이라도 부려볼 것처럼 굽니다. 보이는 것을 이해하거나 오해하면서, 보이지 않는 세계의 문고리를 찾고 싶어서 말이에요. 그러나 운 좋게 그 문을 열었다 해도…… 언어가 되기 직전에 문이 쾅! 닫혀버리기 일쑤기 때문에, 저는 단지 생각에 빠졌다가 나올 뿐입니다. 그런데 이렇게 〈스몰빌딩〉이 제 앞에서 실체를 뽐내며 글을 써보라 하니 저의 생각은 그야말로 냉동고의 생선처럼 얼어붙고 말았습니다. 이것이 며칠간의 제 솔직한 심경입니다.

3

변명이 길었습니다. 그렇지만 시간이 갈수록 점점 더 제 임무를 수행하지 못할 것 같다는 확신만 듭니다. 저는 귀사가 보내주신 〈스몰빌딩〉을 아직도 애물단지처럼 쌓아두고 있습니다. 모양, 기능과 용도, 구조, 미와 같은 사물 자체에 대한 이야기는 도저히 할 수 없을 것 같습니다. 지금도 〈스몰빌딩〉은 뒷모습을 제게 보이며 어떤 의도도 없다는 듯 서 있지만, 이 상황 자체가 부담스럽기 그지없습니다.

그런데 그 바람에…… 저는 〈스몰빌딩〉을 둘러싼 공기, 혹은 〈스몰빌딩〉이 형성하고 있는 자장을 점점 더 의식하게 되었습니다. 그것은 사물 내부에 속했다기보다 외연을 떠도는 무엇이었고, 때문에 귀사에서 저에게 보낸 것이 〈스몰빌딩〉인지, 아니면 〈스몰빌딩〉 주변에서 출몰하는 무엇인지 혼란스러우면서도 내심 기분이 좋았습니다. 무지의 세계에서는 어디로든 질문을 던져볼 수 있기 때문입니다. 이 유희이자 고통을 지연시키고자 당장 관리소를 찾아가 나에게 배송시킨 것이 도대체 무어냐고 묻는 대신 책을 뒤지기 시작했습니다. 그리고 단서가 될 만한 몇 가지 구절들

을 발견했지요. (굵은 글씨를 유심히 봐 주십시오)

그는 사물에 마음을 쏟으려 했다. 계란 반숙용 그릇들과 둥글게 접은 냅킨, 나무들, 진열장들을 오랫동안 바라보곤 했다. 그는 어머니에게 은그릇을 보여달라고 조르며 그녀를 즐겁게 했다. 그러나 은그릇을 보고 있는 동안에도 은그릇을 보고 있다는 생각이 앞섰고, 그의 시선 뒤에는 살아 있는 작은 안개가 꿈틀거리고 있었다.

―장 폴 사르트르, 「어느 지도자의 유년 시절」, 『벽』,
김희영 옮김, 문학과지성사, 2005, 238쪽.

실존적 차원에서 보면, 초점을 둔 시야의 영역 바깥에서 경험할 수 있는 전의식前意識적 지각의 영역은 시각에 초점을 둔 이미지보다 중요한 것이다. 우리의 지각 및 정신 체계에서 주변적 시야가 더 높은 우선권을 가지고 있다는 의학적 증거가 실제로 제시되고 있다. (……) 무의식적이고 주변적인 지각은 망막에 맺혀 있는 형태를 공간적이고 몸에 의한 경험들로 변형시킨다. 주변적인 시야는 우리를 공간과 함께 통합하는 반면, 초점을 두는 시야는 우리를 공간으로부터 밀어내고, 관람자에 머물게 한다.

—유하니 팔라스마, 『건축과 감각』,
김훈 옮김, 스페이스타임, 2013, 19쪽.

구름과 구름 사이, 산과 산 사이를 채우고 있는 대기는 분리의 심연이 아니라 오히려 서로를 연결해주는 전도체이며, 나지막이 변화되는 이행인 것이다. (……) 로댕이 작품에 행한 것은 대기가 수백 년 전부터 자신에게 맡겨진 대성당의 사물들에게 행한 것과 비슷한 일이었다. 대기도 역시 요약하고 심화하고 먼지를 제거하였으며, 솟음과 어둠과 지속 속에서 더 천천히 흘러가는 한 삶을 위하여 비와 서리, 태양과 폭풍을 가지고 이 사물들을 양육했던 것이다.

—라이너 마리아 릴케, 『릴케의 로댕』,
안상원 옮김, 미술문화, 1998, 90쪽.

4

하지만 이 세 가지 글귀는 조금씩 그 무엇을 비껴가면서 온전히 그것을 포획하지는 못했습니다. 저는 동료 시인에게 그간의 이야기를 짧게 했습니다. 친구는 잠시 생각에 잠기는 것 같더니, 이렇게 말했습니다.

"그건 꼬마 유령 캐스퍼 같은 거야."
"꼬마 유령 캐스퍼?"
"응. 꼬마 유령 캐스퍼가 저택을 배회하면서, 저택을 누군가에게 환기시키고, 인간과 저택을, 혹은 인간과 인간을 연결해주는 것처럼 말이지. 존재와 존재 사이에서 서로를 일깨우는 존재 같은 거랄까?"
"존재와 존재 사이의 존재라…… 뒤통수에 바짝 다가온 손을 느끼게 해주는 것도 캐스퍼인가?"
"그렇다고 할 수 있지. 간격, 틈, 공백, 시차가 그들의 터전인 거야."
"그럼 늘 같은 자리에 있는 의자에 내가 앉기도 전에 발을 찧는 건?"
"그건 캐스퍼가 장난치는 거야. 네가 발을 찧어놓고 의자에 대고 욕할 때마다 캐스퍼는 자지러지게 웃고 있을걸?"

우리는 〈스몰빌딩〉이 몰고 온 캐스퍼의 무궁무진한 양태에 관해 늘어놓기 시작했습니다. 마치 끝말잇기처럼 그 목록은 끝없이 이어졌고……

책 빌딩을 무너뜨리는, 책을 줍다가 빈 책꽂이를 보게 하는, 책과 책의 제목을 이어 붙이는.

거꾸로 세워진 반투명 컵에 빛을 따라두었다가, 오후 다섯시에 홀짝 마셔버리고, 휘청거리며 컵의 둘레를 따라 걷다가, 몽롱한 저녁이 된다.

얇은 비밀이 있다면, 네모나게 굳은 어둠이 있다면, 잃어버리기에 좋은 작은 기억이 있다면, 서랍 속에 넣어두는 것.

손과 손잡이가 어긋날 때, 열고 닫힘이 모자랄 때, 살짝 옮겨줄 때, 제작하는 손과 사용하는 손이 악수하게 될 때.

작은 서점의 작은 창문 너머로 눈이 내린다,
작은 빌딩과 큰 빌딩 사이로 눈이 내린다.

5

〈스몰빌딩〉을 곁에 둔지 한 달쯤 되었을까요? 지난 12월 18일 서울에 많은 눈이 내렸습니다. 저는 높은 호텔방을 하나 잡아서 몇 시간 동안 내리는 눈을 한참 바라보았습니다. 보이는 것과 보이지 않는 것 사이를 오가며 새하얗게 되었다가 투명해지는 캐스퍼를…… 본 것도 같습니다. 그리고 상상해보았습니다. 관리사무소 너머로 당신이 보고 있을 캐스퍼를요. 눈과 캐스퍼의 신비는 잠시 우리를 통합시켰다가 이내 유리시키고 마는 능력에 있지 않을까요?

6

참, 제가 밝혔던가요? 이 글의 수신자를 길종상가로 해야 할지, 박길종씨로 해야 할지, 그것도 아니라면 박가공으로 해야 할지 고민하던 중 동봉해주신 품질보증서를 보게 되었습니다. 4항에 이런 문구가 있더군요. "문의사항이 있을 때에는 길종상가 관리사무소로 연락해주시기 바랍니다."

길종상가 관리인, 당신에게 이 편지를 쓰게 된 것 또한 캐스퍼의 책략, 혹은 이 편지가 일종의 캐스퍼일지도 모르겠습니다. 처음에는 당신의 업무가 책상에 앉아 실질적인 문의 사항과 이런 허무맹랑한 편지를 골라내는 일 정도가 아닐까 생각했었습니다만, 길종상가가 생산하는 것이 사물뿐 아니라 그와 연루된 수많은 캐스퍼라면, 그들을 지휘, 감독하는 것이 당신의 일이 아닐까 하는 짐작이 들자 새삼 경의를 표하게 됩니다. (어쩐지 로댕의 작업 세계를 지켜보던 릴케의 감정이 무엇인지 알 것 같습니다. 작품의 독자적인 완결성으로부터 시선을 들어 작품과 대기의 관계 역시 고조시켜나간 로댕에게 경도되었던 릴케의 마음 말입니다.)

7

그 경의를 품고 길종상가의 캐스퍼가 또 제게 닿기를 기대하면서 기다리겠습니다. 혹시 제가 참지 못하고 관리사무소를 찾아가게 된다면, 지역과 사람과 시간의 울타리를 자유롭게 넘나들며 우리의 일상에 눈처럼 왔다 가는 그들의 이야기를 들려주세요!

연희동에서 박씨 드림

5월 29일

시

넓은 경계 보이지 않는

바다가 보고 싶다는 말이 진부하게 들릴까봐
그에게 갯벌에 데려가달라고 했습니다
우리는 밤이 되어서야 갯벌에 도착했고
아무것도 보이지 않았습니다

처음에는 발가락 사이로 모래 알갱이가 들어왔다가
어느샌가 부드러운 진흙이
우리 사이로……
여기서부터 시작이라는 것을 그의 발도 느끼고 있겠지요
여러 번…… 그의 손을 잡고 싶다고 생각했습니다

바다를 향해 플래시를 터뜨려 사진을 찍었습니다

생각보다 바다는 더 멀리 있군요

나의 발바닥으로는 갯벌의 넓이를 측정할 수가 없고

그의 등만이 희미합니다

집에 돌아와 사진을 다시 봅니다

갯벌은 바다가 그어놓은 수많은 금으로 채워져 있군요

쉬이 지워질 수 있는 것이라고 생각하니

후회가 됩니다 그에 관한 모든 것이

챙겨온 돌멩이 하나를 꺼내둡니다

굴의 속살을 닮았습니다

자꾸 만지고 싶습니다

돌멩이가 굴러온 경계를

5월 30일

인
터
뷰

누군가 내게 가장 친한 시인이 누구냐고 묻는다면 유계영이라고 답하고 싶다. (그러고 싶다고 말한 건 언니의 동의도 필요하기 때문이다.) 나는 힘들 때 누군가를 잘 찾지 않는 사람인데, 힘들 때마다 계영 언니를 자주 떠올린다. 언니는 내가 어떤 사람인지 내가 어떤 시인인지 또 어떻게 살아야 하는지 깨닫게 해주는 존재다. 두번째 시집 『오늘 사회 발코니』(문학과지성사, 2023)를 두고 언니와 인터뷰해야 할 때 나는 많이 바쁘고 힘들었는데, 언니가 보내준 질문지를 출력해 책상에 두고 읽다가 엎드려 뜨겁게 울었다. 아직 답하지 않았는데, 질문만으로 모든 답이 되었다. 견디기 힘든 시기엔 이러한 말들이 나를 살 만하게 한다.

늪에 다리가 붙들렸으나
새의 다리를 붙잡은 사람에게*

intro

우리는 친한 친구인데 일 년에 많아야 두어 번 만난다. 그나저나 우리는 일 년에 두어 번이나 만난다. 일상을 쪼개서라도 시시콜콜한 안부와 잡다한 뉴스를 공유해야만 시원해지는 사이도 아닌데(세미도 나도 그러한 방식의 우정을 가꾸는 방법은 영 모르는 듯하다), 일 년에 두어 번을 꼬박꼬박 만나고 있다는 사실은 새삼 경이롭다. 또한 나는 세미와 언제나 연결되어 있다는 식의 우정을 느끼지는 않는다. 서로의 가슴 한켠에 선명한 영향력을 발휘하며 늘 도사리는 존재도 아니다. 나는 단지 잡지에 발표되는 세미의 시를 읽

---

* 박세미의 두번째 시집 『오늘 사회 발코니』 표4(뒤표지)에 실린 문장 "새의 다리를 붙잡았으나 늪에 다리가 붙들린 사람에게"의 선후를 바꾸었음.

고 카톡이나 수화기를 붙들고는 속삭일 수 없는 세미의 마음에 손을 쑥 담갔다 꺼내곤 할 뿐. 그는 항상 소용돌이 속으로 빨려들어가며 허우적거리다가도, 문득 모든 일이 한 점에서 시작됐을 뿐임을 알아차린 우아한 서퍼처럼 파도의 경사면에 우뚝 서 있곤 했다. 그런 세미의 모습을 시를 통해 내다볼 뿐. 연결되어 있다는 감각보다는 분리되어 있다는 감각. 우리에겐(적어도 내겐) 이것이 중요하다. 분리되어 있으므로 닿았다 떨어지는 일에 자유로운 감각. 분리되어 있으므로 마주보기도 뒷모습 보기도 가능한 감각. 너를 그대로 너로 보는 사이의 감각. 맞은편 발코니 감각.

작년 겨울, 세미는 두번째 시집을 냈다. 시집에서 세미는 망망대해의 현실에 정박한 발코니에 서 있었다. 그리고 나에게 "언제나 언니의 발코니 맞은편에 있고 싶다"고 적어 선물해주었다.

유계영(이하 유) | 안녕, 세미. 네가 파자마에 슬리퍼 차림으로 오늘 아침 발코니에 서 있다면, 나는 맞은편 발코니에 서 있을 테야. 역시 파자마에 슬리퍼 차림으로. 제집 뱃머리에

날렵하게 서서 서로의 간밤을 짐작해볼 텐데. 건너다보면서 나는 생각하겠지. '아, 세미 또 밤새웠나보네.' (웃음) 어때. 요즘 많이 바쁘지?

박세미(이하 박) | 안녕, 계영언니. 오늘 아침 발코니에 나갔을 때 맞은편에 언니가 있다면, 하고 상상해보았어. 아마 언니의 실루엣을 보는 것만으로도 울컥거려서 주저앉지 않을까 싶어. 일들이 몰려와 나를 잔인하게 밟고 지나가는데, 정말이지 한번 일어나 한숨 크게 쉬고 싶은데, 그 방도를 헤아려볼 틈도 없는 이 상황을 모두 내가 자처했다는 사실 때문에 말야.

유 | 일이 정말 많은 모양이네. 게다가 얼마 전 SNS로 건축전문 출판사 '도미노프레스'를 시작한다는 소식을 알렸지. 칠 년 넘게 한 회사에 소속된 건축 잡지 기자였으니, 엉덩이가 꽤 무거운 편인 거잖아. 회사를 그만두고 거점을 옮기기 쉽지 않았을 것 같아. 물 흐르듯이 산다는 게 관성에 이끌려 산다는 뜻은 아닐 텐데, 어제의 관성으로 오늘을 반복하고 있을 따름은 아닌지, 네 결단에 나를 돌아보게 되었어. 소식을 직접 들었을 때부터 내심 감탄하고 있어. 네게 어떤 결심

이 있었던 걸까.

박 | 사실은 가능한 오래 회사에 소속되고 싶었어. 나는 불안정한 상태, 특히 예측 불가한 경제적 상태를 언제나 최대한 피하고 싶거든. 게다가 건축 잡지를 만드는 일이 꽤 즐거웠는데, 시간이 흐를수록 언니가 말한 것처럼 어제의 관성으로 오늘을 반복하는 감각을 의외로 견딜 수가 없더라고. 특히 어떤 언어의 한계를 느꼈어. 새로운 생각과 실천의 장을 스스로 열지 않으면 여기 계속 머무르겠구나 하는 생각이 들어서. 그리고 어느 순간 구체적인 장을 상상하게 됐어. 새로운 건축의 장, 새로운 편집의 장, 새로운 건축 책의 장. 상상이 시작되니 멈출 수가 없었고 미지의 문을 열게 된 것이지. 지금 생각해보니까 그 상상은 어떤 존재가 던진 미끼이고 나는 낚인 것 같아. (웃음) 그런 면에서 관성을 벗어난다는 것은 순식간에 일어나는 쉬운 일 같아. 나도 모르게 관성의 원심력에서 벗어나 그냥 내동댕이쳐지는 거지. (웃음) 오히려 관성을 견디면서 늘 그 자리를 새롭게 다지고 스스로를 세우는 일이 훨씬 어려운 것이라고 생각해.

유 | 세미의 시, 세미의 언어, 세미의 직관과 감각, 세미의 사

유와 방향, 세미가 그리는 비전을 멀리서 들여다보고 있으면, 참 기민하고 똑 부러지는 사람이라는 생각을 하게 돼. 그런데 하필 우리는 친구여서, 가까이 당겨앉게 될 때가 있잖아. 맹하고 느슨하고 굼뜬 얼굴로 말야. 콧물 닦은 휴지를 테이블에 잔뜩 쌓아두고…… (이 간극이야말로 세미의 어여쁜 지점인데!) 생각이 밖으로 냉큼 드러나는 사람이 아닌 걸로 보아, 늘 산더미같이 쌓인 생각과 반응들이 심연에서 달그락거리고 있을 것 같거든. 세미의 안팎은 언제 고요해질까.

박 | 언젠가 언니에게 그런 말을 한 적이 있어. 사회생활을 하면서, 또 연차가 쌓이면서 외부에서 내게 기대하는 전문성이 있고, 그에 노련함으로 응해야 할 때가 많은데, 나의 애 같은 목소리와 모자란 발음이 방해가 되는 것 같다고. 그랬더니 언니가 내게 그런 말을 해주었지. "목소리나 발음과 상관없이 세미가 쓰는 언어가 어른이기 때문에 괜찮아" 하고. 과장 없이 그뒤부터 내가 가진 간극들을 인정하고 사랑하게 되었어. (정말 고마워.) 내게는 없고 언니에게는 있는 능력이 그것인 것 같아. 중요한 것이 무엇인지 정확히 알고 그것에 집중하는 것. 나는 그러질 못해서 늘 안팎이 시끄러

운 것이 아닐까 싶어. 생각을 선명하게 할 때 고요가 찾아오고 고요해질 줄 알아야 생각이 선명해지고 중요한 말들만을 척척 꺼내 보일 텐데 말이야. 그런데 언니. 생각해보니까 내가 유일하게 고요해지는 순간은 시를 쓸 때…… 책상 위 늘어놓은 오만가지 것을 손으로 싹 밀어내고 그 위에 백지 한 장을 놓아두는 그 순간이 내게 있어. 그 사실은 마치 언니가 해준 말의 힘과 동일하게 나를 잠시 고요하게 해.

유 | 데뷔 이후 오 년을 기다려 첫 시집(『내가 나일 확률』, 문학동네, 2019)이 나왔고, 두번째 시집(『오늘 사회 발코니』, 문학과지성사, 2023)이 사 년 뒤에 나왔지. 요즘 시집 출간 속도에 비하면 다소 신중하게 옮겨가는 편인 것 같아. 언젠가 만난 바다가마우지가 네게 말하는 것 같았다던 "기획서 두 장 물어다줄까? 시 두 편 잡아다줄까?" 하는 말에 네가 기왕이면 '시'로 부탁한다고 써두었잖아. (당연한 말인가 싶지만…… 나라면 기획서를 부탁했을 거야…… 그게 더 쓰기 싫으니까……) 세미의 토대는 시구나 싶었거든. 생활과 시가 어떤 길항관계 안에 놓여 있는지 듣고 싶어.
박 | 무엇이 무엇의 토대가 된다고 말하긴 어렵겠지만, 좀

투박하게 얘기해보자면, 기획서를 쓸 수 없으면 굶어죽고, 시를 쓸 수 없으면 살아도 사는 게 아니라는 생각을 해. 굶어죽는 게 나을까? 살아도 사는 게 아닌 게 나을까? (웃음) 하지만 이건 분명해. 기획서는 기획서가 아니어도 되지만 시는 시가 아니면 안 된다는 것. 나의 생활은 생존을 위한 방편들로 점철되어 있지만 결국 나를 살게 하는 것은 시라서, 시에게 고맙고 미안해. 늘 마지막 순간에서야 시로 돌아오는 것 같아서. 나의 호흡을 생활을 영위하는 것에 다 써버리고 긴급한 순간에 시라는 산소호흡기를 찾는 것 같아서. 생활에서도 늘 시와 함께 호흡하는 것 같은 시인들이 존경스러워. 실은 이러한 관계에 대해 조금 죄책감과 부채감을 갖고 있었어. 마치 나의 우선순위가 늘 생활(노동)에 있는 것 같았거든. 시를 뒷전에 두기 싫었어. 그래서인지 어느 순간 생활과 시를 시로 묶어버려야겠다고 결심한 것 같아. 아니, 알아서 그렇게 되어버렸어.

유 | 전혀 죄책감 갖지 않아도 될 것 같은데…… (웃음) 시를 쓸 수 없으면 살아도 사는 게 아닌 지경까지 간다니 그 자체로 시와 함께 호흡하는 생활인걸! 생활과 시가 알아서 묶여

버렸다는 것만 봐도 세미에게 시가 어떤 위상을 갖는지 잘 알 것 같아. 첫 시집과 두번째 시집 사이에 사 년이라는 행간이 있네. '나'에서 '사회'로, '돌과 딸기와 전구(사물들)'에서 '인터체인지와 대공분실과 발코니(공간들)'로, '밖을 나서지 못하는 방의 사람들(『내가 나일 확률』의 수록작 「지각하는 이유」「아무것도 하기 싫어」「혼자서의 낭독회」 등)'에서 '현실 밖으로 사라진 사람들(『오늘 사회 발코니』의 수록작 「육상선수」「기능」「Balkon」「보이드」)'로, 시선의 향방도 매우 달라진 것 같은데, 어떤 의식이 있던 걸까.

박 | 시선의 향방을 내가 결정했다기보다는 아주 단순하게 시집 역시 삶의 주기를 따라간 것이 아닐까 해. 첫 시집의 시들은 주로 이십대의 내가 처음으로 스스로의 언어를 탐색하면서 자연스럽게 내부를 헤매며 썼던 것 같아. 작은 것들의 기척을 알아차리기에 좋은 시간이었지. 두번째 시집은 사회생활과 노동자로서의 삶이 한창 무르익을 때 쓴 시들이 모여 있다보니, 이 세계 속에 놓인 나, 그리고 나와 외부와의 역학관계가 종종 드러나는 것 같아. 글쎄, 다른 이들은 어떨까? 궁금해. 나는 늘 흔들리는 첨탑에 매달려 떨어지지 않으려 애쓰는 사람 같거든. 한순간 긴장을 풀면 나

락으로 떨어질 것 같고, 더 큰 비극으로 던져질 것 같고······ (웃음) 그런 고도의 불안 속에서 하루하루를 보낸다고 해야 할까? 한동안 그런 첨탑 위에서 시를 썼던 것 같아. '나는 누구?'를 말하기 이전에 '여긴 어디?'가 중요했나봐.

유 | 두 시집을 관통하는 정서가 있다면 '허무'라고 생각해. 삶의 무의미를 알아차리게 된 어떤 계기가 있었던 거야?
박 | 최근에 느끼는 건, '내게 의미가 참 중요하구나' 하는 거야. 하하. 내가 모든 일에 계속 질문하더라고. 이게 무슨 의미가 있지? 하고. 의미를 의식하니까 무의미도 알아차리게 되는 것 같아. 내게 의미를 다른 말로 바꾸면 보상이라고 할 수 있을까? 계속 보상을 바라는 것 같아. 내 노동에 대한 보상, 내 고통에 대한 보상, 내 노력에 대한 보상······ 그 끝에는 언제나 허무가 따라와. 이것이 좋지 않은 메커니즘이라는 것을 알면서도, 아직 성숙하지 못한 채로 시를 쓰고 있어.

유 | 이번 시집 『오늘 사회 발코니』에 실린 시 중에 「장식」이라는 시가 나에겐 오래 남았거든. 삶이 본래 무의미한 것이기 때문에, 시 안에서 그 무의미를 한번 더 드러내는 방식보

다는 잠정적인 의미라도 발견하고 싶어지는 건가봐. 시는 산소호흡기가 맞네. (웃음) 한때의 의미를 갖는다는 게, 삶의 장식 같은 거니까. 장식은 본질이 아니지만 그 자체로 너무 아름다우니.

    오전의 햇빛이 떨어뜨린 그림자

    그 무의미를 위해 노동할 것이다
    꽃병에 꽃을 꽂는 것으로 그날을 기록할 것이다

    단, 조건이 있소. 구두는 완전히 밋밋해야 합니다.[*]
    라고 말하는 자의 구두는 만들지 않을 것이다
                                 —「장식」

이사한 집에 세미를 처음 초대했던 날이 문득 떠오르네. 네가 약속 시간보다 일찍 와서 동네 이곳저곳을 둘러보고 다닌 모양이더라. 무심결에 이 동네의 집들은 어떤 어떤 특징이 있다고 재미있어하던 게 나는 나름 충격이었어. 일과

---

[*] 아돌프 로스, 『장식과 범죄』, 이미선 옮김, 민음사, 2021.

관련된 습관일 수 있겠지만, 늘 서울 어디쯤에서 만나면 약속 시간도 가까스로 맞추거나 둘 다 지각하잖아. (웃음) 새로운 공간을 감각하는 세미만의 독법이 있다면 알려줄 수 있을까.

박 | 어려운 질문이다. (웃음) 사실 건축이라는 업계와 너무 밀착되어 있어서인지, 기계적이고 기술적인 해석에 불과한 것 같아. 이런 재료로 마감을 했구나, 디테일이 좋네, 구조를 이렇게 풀었구나, 여긴 좀 과장되어 있네, 여긴 의도가 너무 뻔하네…… (웃음) 이번 시집에 실린 「일」이라는 시의 구절들이 내가 언니의 질문에 제대로 답하지 못하는 데에 핑계가 되어줄 것 같아.

    (……)

  숙달된 일에는 생각이 잘 끼어들지 못한다

    (……)

  자신이 기계가 아니라는 생각을 해본 적 없는 것이며, 손가락이 국수 가락이 될 수 있다는 가능성도 생각해본 적 없는 것이며, 손 조심 안내문이 붙어 있는 것과 실제로 손을 조심하는 일 사이의 관계없음을 단 한 번도 생각해본

적 없는 것이다

—「일」부분

내가 건축과 공간에 대해 새롭게 감각하고 생각하려면 아마 지금의 일을 그만두어야 할 것 같네. (웃음)

유 | 『오늘 사회 발코니』에서는 동시대의 작업자들에 대한 존경과 사랑이 담겨 있어. 일반적으로 시에서 다른 레퍼런스를 발견하게 된다면 앞선 세대의 예술이나 철학인 경우가 많잖아. 그런데 세미가 영감을 얻는 대상들은 동시대의 현실에 놓인 생활세계의 사람들인 것 같아. 왜 '일'하는 사람들이어야 했어?

박 | 억지로 현실로부터 발을 떼워 시를 쓰기보다 현실에 발을 묻고 시를 써보자고 생각하면서 했던 여러 시도들 중 하나였어. 현실로부터 도망쳐 하염없이 문학의 정전을 탐험하며 시를 쓰고 싶었지만, 지금은 그럴 수 없다는 것을 인정하게 됐어. 지금의 내가 시를 쓰려면 오늘 만나는 사람들에게 시적 언어의 갈고리를 걸어야만 했고, 특히 현실에서 내게 제일 중요한 감각이었던 노동이라는 감각으로 연결되어

있는 이들에게 말이야. 외로운 노동의 집적 속에서 나는 동료가 간절히 필요했고, 어떤 지점을 공유하면서도 각자 다른 방식으로 세계를 열어가는 '중'인 바로 지금의 사람들에게서 많은 영감을 받았어.

유 | 내가 『오늘 사회 발코니』를 읽고 슬펐던 건 '망망대해'와 '알몸'의 감각 때문이었어. 우리 모두 알몸뚱이에만 의존한 채 망망대해에 던져진 존재들이라니!

박 | 어렸을 때부터 아빠를 따라 바다를 많이 다녔어. 아름다운 해변, 항구 그런 곳 말고, 육지가 보이지 않는 아주 먼 바다. 사방이 수평선으로 둘러싸인 갯바위 위에서 며칠씩 야영을 하곤 했어. 그래서인지 이번 시집에서의 바다는 비유나 추상으로서 존재하기보다 몸으로 겪는 현실로서의 바다였던 것 같아.

유 | 가벼운 질문도 곁들이고 싶은데. 네 자의식과 네 현실을 거쳐, 바다생물종으로 너 자신을 비유해본다면? (웃음)

박 | 해달이 되고 싶어! 너무 귀엽잖아! 한번은 갯바위에 앉아 멍하니 바다를 바라보고 있는데, 해달이 찾아온 적이 있

어. 물에 들어갔다 나왔다 하면서 나를 신기하게 쳐다보더라고. 조개를 깨 먹을 줄 아는 손도 가지고 있고, 하늘을 보며 헤엄칠 줄도 알고, 바다 밖으로 얼굴을 내밀고 인간을 궁금해할 줄도 아는 해달이 되고 싶다!

유 | 나는 해조류! 미역 같은 거! 바위에 붙어 하염없이 하염없이 흔들거리면서…… (웃음) 벌써 십 년 차 시인이구나. 여전히, 우리에게 시는 뭘까. 시의 주변부를 서성이는 사유들이야 늘 제자리걸음 같지만, 와중에 달라진 시의 질문들이 있다면 듣고 싶어. 시를 읽고 씀에 있어서 달라진 태도나 생각들 말이야.

박 | 요즘 나는 시를 쓰면서 잠수를 생각해. 발코니에서 시선으로 경험하는 바다 말고, 그러다 강제로 맨몸으로 던져져 허우적대는 거 말고, 잠깐이라 할지라도 몸을 가누어 바다의 깊이를 경험해보는 힘을 길러야겠다고 생각하고 있어. 표면을 헤엄치는 언어에서 수직으로 들어가는 언어로의 전환을 경험하고 싶어. 그러기 위해서는 현실에 더 깊이 발을 묻어야 할까, 아니면 현실에서 다른 어딘가로 건너가보아야 할까 아직은 잘 모르겠지만.

유 | 다음 시집도 세미의 신비로운 행간을 거쳐 만날 수 있겠지. 비어 있는 듯 보이지만 드러난 언어보다 활발하게 흐르고 있을 너의 여백을 들여다보며 기다릴게.

박 | 나의 현실에 유계영이라는 시인이 있다는 사실에 감사해. 우리의 말이 섞이고 흩어질 때 언니가 '기다릴게'라고 말해주어서 내가 매번 돌아올 수 있었던 것 같아. 나 또한 기다려줄 수 있는 사람이 되고 싶다. 언제나 시의 자리에서!

5월 31일

에세이

여섯번째 생일을 맞은 『내가 나일 확률』에게

5월 31일에 태어난 첫 시집을 생각해.
5월 31일이면 내가 나일 확률을 새로 헤아려.
그러니까 실은, 거의 모든 날 잊고 지내.
잘 지내고 있지?

너의 이름, 김민정 시인이 지어주었지.
혜화동 어느 카페에서
민정 언니에게 '내가 나일 확률'을 들었을 때
더할 나위 없다고 생각했어.
내게 무궁할 질문.
내가 나일 확률.
그래서일까?

나로부터 태어났다는 확신 없음,

내 안에 갇혀 있다는 확신 없음,

그러나 내가 아니라는 확신 없음이 아직까지 나는 좋아.

시집 뒤의 해설은 박상수 시인이 써주셨지.

해설을 처음 받아들고 읽으면서 나는 많이 울었어.

박상수 시인과 제대로 만난 적이 없는데, 그와 나 사이에 오간 것이라곤 시밖에 없는데, 나의 전부를 들키고 이해받았어.

『내가 나일 확률』이 책이 되어 나에게 배달이 되었을 때야 비로소, 이 출생의 주역이 누구인지를 알게 되었어. 판권에 새겨진 이름들. 그들로부터야. 당시에는 표현하지 못했던 감사의 마음을 이제야 전해본다.

내가 언제까지 지속될지 모르겠어.

내가 어떻게 지속될지 모르겠어.

너도 그렇지?

그러나 이 불확실성을 슬퍼하지 말고

나와 나 사이에 흐르는 의심의 강이 있고

건너갈 수 있는 날과

건너갈 수 없는 날이 있었다

네 몸에 적힌 시인의 말처럼, 그저 일 년에 하루, 나에게 건너오렴.

11시 14분
ⓒ 박세미 2025

초판 1쇄 인쇄 2025년 4월 21일
초판 1쇄 발행 2025년 5월 1일

지은이 박세미

책임편집 유성원
편집 권현승 정가현
표지디자인 한혜진 **본문디자인** 이주영
저작권 박지영 형소진 오서영
마케팅 정민호 박치우 한민아 이민경 박진희 황승현 김경언
브랜딩 함유지 박민재 이송이 김희숙 박다솔 조다현 김하연 이준희
제작 강신은 김동욱 이순호
제작처 영신사

펴낸곳 (주)난다
펴낸이 김민정
출판등록 2016년 8월 25일 제406-2016-000108호.
주소 10881 경기도 파주시 회동길 210
전자우편 nandatoogo@gmail.com **페이스북** @nandaisart **인스타그램** @nandaisart
문의전화 031-955-8865(편집) 031-955-2689(마케팅) 031-955-8855(팩스)

ISBN 979-11-94171-55-3 03810

○이 책의 판권은 지은이와 (주)난다에 있습니다.
○이 책 내용의 전부 또는 일부를 재사용하려면 반드시 양측의 서면 동의를 받아야 합니다.
○난다는 (주)문학동네의 계열사입니다.
○잘못된 책은 구입하신 서점에서 교환해드립니다.
기타 교환 문의 : 031-955-2661, 3580